大学生网络空间道德教育研究

孟佳琳 —— 著

辽宁人民出版社

© 孟佳琳 2023

图书在版编目（CIP）数据

大学生网络空间道德教育研究 / 孟佳琳著. —沈阳：辽宁人民出版社，2023.11
ISBN 978-7-205-10904-2

Ⅰ．①大… Ⅱ．①孟… Ⅲ.①大学生—互联网络—道德规范—研究—中国 Ⅳ.①G641

中国国家版本馆 CIP 数据核字（2023）第200880号

出版发行：辽宁人民出版社
　　　　　地址：沈阳市和平区十一纬路 25 号　邮编：110003
　　　　　http://www.lnpph.com.cn
印　　刷：辽宁新华印务有限公司
幅面尺寸：170mm×240mm
印　　张：11
字　　数：150千字
出版时间：2023年11月第1版
印刷时间：2023年11月第1次印刷
责任编辑：董　喃
装帧设计：留白文化
责任校对：吴艳杰
书　　号：ISBN 978-7-205-10904-2

定　　价：68.00元

序

党的二十大报告指出："高举中国特色社会主义伟大旗帜，全面贯彻新时代中国特色社会主义思想，弘扬伟大建党精神，自信自强、守正创新，踔厉奋发、勇毅前行，为全面建设社会主义现代化国家、全面推进中华民族伟大复兴而团结奋斗。"大学生作为国家和民族的未来，是进行社会主义现代化国家建设，实现中华民族伟大复兴的重要力量，其思想观念、道德素质直接关系到社会主义事业的发展，关系到国家未来的走向。网络空间的出现，不仅拓展了人们的生存环境，也对人类的交往方式和思维方式产生了前所未有的影响与冲击。社会形态的发展与变革对当代高校大学生提出了新的思想道德素质要求，对网络空间道德教育也提出了更高的要求。在网络空间中，大学生的道德认知、道德判断能力和道德行为都在悄然地发生着变化。如何引导大学生始终坚守社会主义道德，践行社会主义核心价值观，成为堪当民族复兴重任的时代新人，这不仅是高校思想政治教育工作者的责任，也是整个社会的责任。

当代著名社会学家曼纽尔·卡斯特曾说："作为一种历史趋势，信息时代的支配性功能与过程日益以网络组织起来。网络建构了我们社会的新形态，而网络化逻辑的扩散实质地改变了生产、经验、权力与文化过程中的操作和结果。"网络社会的诞生，为人们观察和认知未来社会提供了新的视界。网络技术、信息通信技术、智能科技的不断发展所构筑起来的网络空间，正推动着社会各个领域和行业的深刻变革。这种变革与每个人都息息相关，也影响着人们在网络空间中的思想道德发展。马克思曾深刻地指出，"技术的胜利，似乎是以道德的败坏为代价换来的"。现如今，我们确实陷入这样的困境之中，现实空间的道德规范无法延伸到网络空间中，进而无法对网络空间中的道德行为进行有效的规范与制约，但这并不意味着现实空间的道德与网络空间的道德之间毫无关联。事实上，网络空间虽然是虚拟的，运用网络空间的人却是真实存在的。这就内在地要求网络空间道德既要以中华传统美德、革命道德、社会主义道德为准则，又要回应网络信息技术的发展而产生的新道德诉求。

大学生作为网络空间中的重要群体，其道德水平直接影响着我国网络空间道德的水平。他们既是现实社会的道德行为主体，又是网络空间的道德行为主体，尽管是同一的，但在网络空间中，大学生具有"面具人"的属性，由于他们所处的环境不同，使得网上人和现实人已不再是统一体。当前，高校网络空间道德教育虽然取得了显著成效，绝大多数大学生能够自觉遵守网络空间道德规范，在大是大非面前具有高度的爱国热情，能够弘扬主旋律，传播正能量，担负起自身的网络空间道德责任。但仍有少数大学生受到拜金主义、享乐主义、极端个人主义、历史虚无主义等不良思潮的侵蚀和有害信息的影响，存在不同程度的网络空间道德失范行为，作出伤害他人、损害国家尊严和民族情感的事情。这就需要坚持以习近平新时代中国特色社会主义思想为指导，贯彻落实习近平总书记关于道德教育和网络强国建设的重要论述，大力弘扬社会主义核心价值观，全面推进文明办网、文明用网、文明上网、文明兴网，进而推动形成适应新时代网络文明建设要求的道德追求，为全面建设社会主义现代化国家、实现第二个百年奋斗目标提供坚强的思想保证和精神动力。

开展大学生网络空间道德教育，有利于丰富道德教育的理论。互联网为人们的活动与发展开辟了新的领域，建构了一个虚拟空间，产生了人的虚拟生存、虚拟认识、虚拟实践等活动。"互联网提供了实现自由人的自由联合的最终技术条件，但这一技术条件代替不了自由人的自由联合所需要的道德条件。"网络空间为大学生提供了海量的资讯和丰富的虚拟实践与体验，促进了大学生的虚拟生存与发展，也为高校道德教育带来了前所未有的机遇。但是，网络空间中错误的思想、良莠不齐的信息，也引发了大学生在道德层面的诸多问题。网络语言暴力、网络诚信缺失、散布网络负面舆论、侵犯知识产权和他人隐私等行为时有发生，为大学生在网络空间中的生存与发展带来了负面影响，也为高校道德教育带来了更大的挑战。高校道德教育在生活德育、网络德育、主体性德育、公民教育、生态德育等方面已取得了丰硕的研究成果。网络空间中大学生道德教育的研究，将根据大学生的行为模式与思维模式的转变，探索出更加行之有效的教育规律、原则和方法，在提升网络空间道德教育效果的同时，丰富道德教育的理论研究。

开展大学生网络空间道德教育，能够转变传统道德教育的方式方法。传统道德教育是以课堂教学为主，大学生被动地接受道德教育。这种方法确实展示了其独有的教育优势与效果，能让大学生在短时间内掌握道德教育内容，并形成自身的道德行为准则。但是，网络空间的出现使得大学生的主体意识不断觉醒，他们对传统的道德教育方式方法产生了抵触情绪，从而削弱了课堂教学的效果。高校思想政治教育工作者应充分运用信息化教学手段，借助在线课堂、虚拟学习社区等虚拟教学平台，采用直播教学与同步集体讨论相结合的教育方式，或以点播教学和异步集体讨论的方式开展网络空间道德教育。高校思想政治教育工作者还应认识到沟通与平等对话的重要性，尽量运用大学生喜闻乐见的、正能量充沛的网络流行语，配合图片、动画、音频、视频等内容，充分运用虚拟实践教学、小组线上讨论等方法，丰富道德教育的模式。

开展大学生网络空间道德教育，能够拓宽网络思想政治教育的研究视角。网络思想政治教育是伴随着互联网的出现和普及而产生与发展的。大学生在网络空间中的行为，更多地靠网络道德价值观念的引领和道德自律来实现，这就需要对大学生进行网络空间道德教育，培养大学生在网络空间中的思维判断能力和人际交往能力，提高大学生的网络责任意识，促使大学生在网络空间中履行社会道德责任。在网络空间中开展大学生道德教育研究，能够进一步拓展网络思想政治教育的研究视角，削弱网络空间中的道德失范现象对大学生的负面影响，积极探索网络空间道德教育活动的客观规律，提升网络空间思想政治教育的科学化水平。

目　录

第一章

大学生网络空间道德教育的
基本概念及理论分析

"历史总是阶段性发展的，每一阶段都由各自独特的社会力量或原则所塑造。

而目前我们正快速步入一个新的历史阶段，该阶段即以信息和知识在社会和经济生活中所扮演的愈发重要的角色为特征。"[1]随着信息技术的不断发展，网络空间已成为人类生存的新空间，在网络空间中对大学生进行道德教育，能够规范大学生的网络行为，帮助大学生形成良好的网络道德素养。在分析网络空间中大学生道德教育的问题时，应从基本概念的阐释入手，厘清道德教育和网络空间之间的关系。

第一节　网络空间的基本概念

网络空间既不是一个凭空捏造的概念，也不是完全孤立的社会形态，而是基于现实社会通过现代科学技术而延伸和拓展的新型社会形态。网络空间的出现拓展了人们的生存环境，对人类的活动和认知思维产生了前所未有的冲击与影响。

---

[1]James B. Rule &Yasemin Besen.The once and future information society.Theory[J]. Society, 2008, 37: 320.

一、网络空间

"网络"一词最初的涵义是一种实物，是人们用来生产和生活的一种工具——网。但随着历史的演进，人们赋予了"网络"更多的内涵，比如"网络"是联结人们共同活动、希望和理想的连环，形成人们相互联系的过程。实际上，可以将"网络"看做一种实体，一种"节点"和"线条"结合在一起的实体，而众多相互分散的、独立的"节点"，通过众多"线条"关联起来所组成的实体就是网络。尽管"网络"的含义很广，但本书中指的网络是狭义的网络，通常指代"互联网"这个信息时代最典型的网络存在形式。互联网利用通信设备和线路将全世界功能相对独立的计算机连接起来，以功能完善的网络软件实现网络资源共享和信息交换的数据通信。它集通信网络、电脑、信息资料库及日常电子产品为一体，打破了传统的时空界限，形成了一个全新的以数字信息生产、交流、使用为中心的跨时空、跨文化的网络虚拟空间，使所有人都能通过互联的电脑节点在系统协议的基础上，随时进行多媒体信息的传输与互动，开展交流、学习和工作等活动。"今日的网络，不仅结合了科技，更连接了人类、组织及社会。"①互联网的出现，不仅仅表现为贯通全球的计算机网络、自主计算机终端、服务器、网站、数据库等主要元素的有机结合而成的信息采集与存储，其最大的成功并不在于技术层面的开发与应用，而是对人的影响。随着信息网络技术的全面推进，互联网正在完成对人类社会的全方位跨界介入。网络技术已经成为一种"无孔不入"的技术，正在改变着我们的社会。"包括我们的身份认同及其相关方面，如隐私保护意识、所有权观念、消费方式、工作与休闲时间的分配以及如何发展职业生涯、学习技能。它将影响我们待人接物与维系人脉的方式，我们赖以生存的阶层，我

---

① [美]泰普斯科. 泰普斯科预言：21世纪人类生活新模式[M]. 卓秀娟，陈佳伶，译. 北京：时事出版社，1998：10.

们的健康状况，从而引发我们对自身的反思。"①以网络技术的广泛应用为基础的大数据、人工智能、3D打印、万物互联的出现，正在迅速地改变着我们的生产方式和生活方式以及我们理解世界的方式，而且这种改变只是刚刚展开，网络技术的力量正在以超乎人们想象的速度和规模引发生活、工作与思维的大变革。

网络空间是空间的一种存在样态。空间是与时间相对的一种物质客观存在形式，但两者密不可分。按照宇宙大爆炸理论，宇宙从奇点爆炸之后，宇宙的状态由初始的"一"分裂开来，从而有了不同的存在形式、运动状态等差异。物与物的位置差异度量称为"空间"，位置的变化则由"时间"度量。马克思主义认为，时间与空间是运动着的物质的客观具体的存在形式。恩格斯在批判杜林时提出："一切存在的基本形式是空间和时间，时间以外的存在像空间以外的存在一样，是非常荒诞的事情。"②列宁曾说："世界上除了运动着的物质，什么也没有，而运动着的物质只能在空间和时间中运动。"③马克思主义从现实的感性生活即生产实践活动出发，来理解人与世界的关系，人通过生产劳动实践创造了物质文明和精神文明。人在生产劳动实践中创造出了一个属人空间，一个"自然的人化"或"人化的自然"的世界。因此，空间在本质上是实践的。空间作为实践创造的产物，是人类在实践基础上完成的物质性、社会性与历史性的统一。"网络空间"（Cyberspace，也称"赛博空间"）这一概念，最早是由加拿大作家威廉·吉布森在《神经漫游者》中杜撰出来的，他写道："网络空间是成千上万合法接入网络的人每天所体验到的交感幻象……它是人类社会系统中每台电脑数据库中的数据绘图似的再现。不可思议的复

---

① [德]克劳斯·施瓦布. 第四次工业革命：转型的力量[M]. 北京：中信出版社，2016：99.

② 马克思恩格斯选集：第3卷[M]. 北京：人民出版社，2012：428.

③ 列宁选集：第2卷[M]. 北京：人民出版社，1995：137.

杂。"①它有两个显著特点：一是有条理的信息构成了一个非物质的虚拟空间；二是身体虚拟化，达成人机合一②。令威廉·吉布森万万没想到的是，他灵感所至所创造出来的"网络空间"一词竟引发了一场理论和技术上的革命。随着虚拟现实技术的不断更新和普及，"Cyberspace"变得更加真实，计算机和电子信息技术在全球的广泛运用，使一些前所未有的伦理学、社会学、政治学问题大量涌现。这其中，主体间性、道德实践、权力控制、社群理论、政治民主、自由边界、时空分离、去中心化等成了与之相关的热门词汇和主要切入点。例如，莱茵戈德认为网络空间造就了一个"后地理"的世界。人们在这个人造的空间中按照空间自身的规律生活着，这种规律有时与物理世界的规律相同，有时则完全不同。"虚拟社区的人们做着一切人们在真实生活中所做的事，但我们将身体留在其后。"③网络空间的技术基础是由硬件和软件共同构成的，其中以数字化形态出现信息是网络空间的灵魂所在。网络空间是所有几何空间、物理空间、文本空间、社会空间、想象空间的网络投影和形塑。人是其中最主要的掌控因素，所有的空间转换和内置都是人的感性与理性合谋的结果，从这个意义上说，网络空间是技术隐蔽下的社会文化空间。

二、网络空间的特征

第一，技术性。随着网络技术的不断发展，网络空间已从一种社会媒介向自然媒介和心灵媒介进行转变，互联网创造了新的人际关系和社会关系，物联网的出现使得"物际互联"成为可能，智联网运用大数据技术实现了对人的智力的超越。"网络空间暗示着一种由计算机生成的维度，在

---

①Gibson. W. Neuromancer[M]. New York：Basic Books. 1984: 67.

②Jim Jordan.Cyberpower: The Culture and Polities of Cyberspace and the Internet[M]. London:Routledge, 1999:25—26.

③Howard Rheingold. The Virtual Community [M].Cambridge:The MIT Press, 1994:3.

这里我们把信息移来移去，我们围绕数据寻找出路。网络空间表示一种再现的或人工的世界，一个由我们的系统所产生的信息和我们反馈到系统中的信息所构成的世界。"①网络技术的不断发展、更新与迭代，为人类的生产、生活开辟了新的实践场域，构建了新的生活空间，实现了虚拟与现实世界的对接。网络技术使得网络空间具有数字化特征，可以将文本、数据、光线和音波等模拟信号所产生的内容转化为1和0这些简单的字节组成的代码。这些代码能够使文本、图像、声音和视频以数字数据的形式无限复制与转移。网络技术能够帮助人们在网络空间中建立各种虚拟身份或不同于现实社会的虚拟关系，通过注册ID账号或匿名等形式进行角色选择和设定，实现以符号化的间接交互形成的及时或延时的虚拟互动。

第二，空间性。网络空间的实质是数字化的符号空间，具有独特的空间性。网络技术正不断地改变着传统时间与空间的关联，为人自由选择时空坐标提供了可能，使网络空间呈现出时空的延伸性和压缩性。从微观层面来看，网络空间具有延伸性的特点。网络技术的不断发展，使信息的分布与流动不再是传统线性传播，而呈现出网状形态，产生交互式的信息传播和行为互动模式。网络空间的去中心化特质，使其成为一个无中心的全球信息媒介，将全世界的政府、机构、企业和个人联系起来，网络行为主体只需登录网络，即可进行信息的查询、共享、讨论和转发等社会活动。以网络行为个体为出发点，其原本的生活空间是有限的，但网络空间的跨地域性模糊了空间的界限，拓展了网络行为个体的时空领域，促成了行为空间与地理场所的分离，这种"社会与地理的分离"体现了网络空间的延伸性。从宏观层面来看，网络空间具有压缩性的特点。网络空间作为一种承载信息的空间，从信息的生存、流转、接收到信息的复制和再传递，使得信息传播速度和效果突破了传统信息传播的时空界限，进而压缩了时空。

---

①[美]迈克尔·海姆. 从界面到网络空间：虚拟实在的形而上学[M]. 金吾伦，刘钢，译. 上海：上海科技教育出版社，2000：79.

第三，社会性。网络空间作为虚拟互动的数字化平台，正改变着人们的生存方式。网络空间不仅实现了计算机间的连接，还将使用计算机的人联结了起来。"它是以文本构筑的情景空间和社会交往实践空间的深度融合，是以技术为支撑的物理空间、以共享为支撑的精神空间和以交往为支撑的社会空间的共在。"①网络空间以计算机技术、网络技术、现代通信技术为基础，通过计算机的连接形成了一个交流知识、共享情感、行为互动的活动场域。在这个空间中，人们仍然可以实现"面对面地相遇"，只不过是通过计算机屏幕或移动终端设备实现"面对面地相遇"，把身体留在计算机或设备后面。网络独有的叙事方式，为人们在精神层面的内在联系提供了一种超链接机制，网络的平民化应用凸显出其浓郁的草根气息，为全民的参与提供了内在的动力。网络空间已经成了一个全新的社会生产实践场域，并成功塑造了现代社会形态中的社群成员身份及行为架构。这种人与人之间虚拟化的社会交往，彰显了网络空间的社会性。

第二节　道德的基本概念

道德是伦理学中最为基础的概念，也是思想政治教育学的重要范畴。对网络空间中大学生道德教育进行全面、深入、系统的研究，必须厘清道德的概念及道德的形成与发展的相关问题，从而更好地把握道德的内涵与本质。

一、道德的涵义

任何一种社会意识形态都不是凭空产生的，都有着深厚的理论渊源和发展脉络。道德作为一种特殊的人类意识形态，在东西方思想史上都受到广泛的关注，并形成了不同的思想观点和理论体系。从西方学术史来看，

---

①董兴彬，吴满意. 网络思想政治教育空间功能阐释[J].重庆邮电大学学报（社会科学版），2019（04）：67.

"道德"与"伦理"是通用的，二者在很长的历史里都是相互替代的存在。"伦理"源于古希腊文"ethos"，其本义包括人格、本质与风尚、习俗两个层面。古希腊哲学家柏拉图和古希腊政治学家亚里士多德多是从伦理学的角度来探讨政治哲学的，也就是国家存在的目的等问题。柏拉图认为，正义的国家就是"智慧的、勇敢的、有节制的和富有正义感的"。亚里士多德在《尼各马可伦理学》中开宗明义地说："每一种技艺，以及每一种科学，都归为可教的类型，并且以同样的方法，每一种行为和道德选择，都被认为是指向某种善。因此，对至善的一个常见但绝不坏的描述就是'一切事物所指向的那个善'。"①黑格尔则对道德和伦理进行区分，他认为道德既是积极的又是消极的。对于黑格尔来说，"道德本身仅仅是伦理的一个方面，是比抽象法阶段更高的自由意志之发展阶段；伦理阶段则是自由意志理念从定在回返自身，并守在自己身边的阶段，是自由概念经过外在定在最终达到自在自为的真理的过程，是自由的真正实现"②。德国哲学家哈贝马斯将现代哲学分为实用的、伦理的和道德的三个观点，其理论来源分别是功利主义、亚里士多德伦理学和康德道德理论。在西方语境下，伦理强调的是社会公共理性的问题，是人们在社会集体活动中处理人际关系的正当原则，而道德追求的是公共理性与个人德性的有机结合，是公共价值规范与个人精神自由之间的契合。因此，从西方的语境出发，"'道德'完完全全是一个现代概念，现代与古代的一个根本变化在于：古代伦理关心的核心是人类的共存，现代道德关心个人行为的规范；古代伦理以美好生活（幸福）为终极目的，现代道德以个人自由为基本前提；古典伦理注重考察伦理关系中德性/德行对于实现幸福（美好生活）的意义，现代道德注重考察的是个人行动的规范如何在以法治为基础的公

---

① [古希腊]亚里士多德. 尼各马可伦理学[M]. 王旭凤，顾晓旭，译. 北京：中国社会科学出版社，2007：3.

② 舟光芬. 黑格尔"道德"与"伦理"之辨[J]. 思想教育研究，2009（9）：86.

序良俗中证成有尊严的自由人格与权利"①。

有专家认为，西方长期只有伦理的概念，而没有道德的概念，这一点与中国恰恰相反，在中国，"不仅道德概念早于伦理概念而且高于伦理概念"②。从我国学术史来看，早期的"道"与"德"是分开使用的。"道德"一词始于《道德经》中的一对范畴。"道生之，德畜之，物形之，器成之。是以万物莫不尊道而贵德。道之尊，德之贵，夫莫之命而常自然。"这其中的"道"原指道路，后借用为表示事物运动或变化时所遵循的普遍规律。"德"与"得"意思相近，是事物从"道"中所体现出的特殊规律与性质；"道"是通过自身的修养而逐渐形成的，故此也称为"德"。"道"与"德"的连用，始见于《易大传·说卦》及《管子》《庄子》《荀子》等书。荀子《劝学》篇："故学至乎礼而止矣，夫是之谓道德之极。""道德"一词逐渐具有丰富的涵义，除指调整人们之间关系的行为准则外，有时也指思想、行为、品德、善恶评价、道德教育和修养、风俗习惯等③。《现代汉语词典》中对"道德"的解释是："社会意识形态之一，是人们共同生活及其行为的准则和规范。道德通过人们的自律或通过一定的舆论对社会生活起约束作用。"④这个概念揭示了道德机制发挥社会公德作用的主要形式，从社会意义上来讲，道德的目的是通过减少对他人的有害行为，消除两败俱伤的斗争与社会生活中的潜在分裂势力，从而促进社会的和谐发展。"任何人类共同体都会形成特定规范和价值观，以调整人们对他人或对自己的行为，他们可能建立在文化经验、宗教信念、哲学命题的基础上……人们习惯上把这种调整体系称为'道

---

①邓安庆. 再论康德关于伦理与道德的区分及其意义[J]. 北京大学学报，2019（5）：27.
②邓安庆. 再论康德关于伦理与道德的区分及其意义[J]. 北京大学学报，2019（5）：25.
③卢德平. 中华文明大辞典[M]. 北京：海洋出版社，1992：57.
④中国社会科学院语言研究所词典编辑室. 现代汉语词典[M]. 北京：商务印书馆，2005：281.

德’。"①

马克思、恩格斯是从唯物史观的分析方法出发认识道德的。恩格斯在批判杜林的"永恒的""终极的"道德观的时候，阐述了马克思主义的道德观念。恩格斯认为，道德是历史发展阶段的产物，有不同社会历史阶段就有不同的道德。"什么是善，什么是恶。但是今天的情形是怎样的呢？今天向我们宣扬的是什么样的道德呢？首先是由过去信教时代传下来的基督教的封建的道德，……直到松弛的启蒙的道德。和这些道德并列的，有现代资产阶级的道德，和资产阶级道德并列的，又有未来的无产阶级道德，所以仅仅在欧洲最先进国家中，过去、现在和将来就提供了三大类同时和并列地起作用的道德论。"②从这里我们能够得出什么结论呢？这种差异是如何产生的呢？恩格斯分析指出："人们自觉地或不自觉地，归根到底总是从他们阶级地位所依据的实际关系中——从他们进行生产和交换的经济关系中，获得自己的伦理观念。"③这就为我们揭示了道德——作为一种观念产生的根源以及不存在永恒的道德观念的原因。但是这是否说明这些不同的道德观念之间没有任何互相一致的地方呢？不是这样的。因为"对同样的或差不多同样的经济发展阶段来说，道德论必然是或多或少地互相一致的"④，比如切勿盗窃。因此，恩格斯拒绝把任何道德教条地当作永恒的、终极的、从而也是不变的伦理规律强加给人们。既然道德是社会经济状况的产物，那么，在阶级对立的社会中，道德始终是阶级的道德，也就是说，"它或者为统治阶级的统治和利益辩护，或者当被压迫阶级变得足够强大时，代表被压迫者对这个统治的反抗和他们的未来利益"⑤。那么在什么样的历史条件下，才能有真正的人的道德呢？就是在

①[德]魏德士. 法理学[M]. 丁晓春，吴越，译. 北京：法律出版社，2005：179.
②马克思恩格斯选集：第3卷[M]. 北京：人民出版社，2012：470.
③马克思恩格斯选集：第3卷[M]. 北京：人民出版社，2012：470.
④马克思恩格斯选集：第3卷[M]. 北京：人民出版社，2012：470-471.
⑤马克思恩格斯选集：第3卷[M]. 北京：人民出版社，2012：471.

"只有在不仅消灭了阶级对立，而且在实际生活中也忘却了这种对立的社会发展阶段上，超越阶级对立和超越对这种对立的回忆的、真正人的道德才成为可能"[①]。综上，马克思、恩格斯从经济基础与上层建筑的关系以及道德作为社会意识的独特性上，来理解和把握道德这一人类社会特有的社会意识现象，认为道德是由经济基础决定的，以善恶、荣辱、正义为评价标准，依靠社会舆论、传统习俗和内心信念来维系，是调节人与人、人与自然关系的原则规范、观念品质和行为活动的总和。道德现象是人类社会生活所特有的，道德的主体是人，调节的范围主要是人与人（包括个人、群体和社会）、人与自然的诸种关系[②]。道德与法律不同，道德虽然不具有强制力，但却具有一种柔性的、内在的约束力，来规范与调节人们的德性品质、价值观念、精神信念，是一个由心理意识、原则规范和行为活动组合起来的知识和价值体系。道德表达着人们对自己的认识、反省和发展完善的要求，是人们共同生活和社会调控的重要力量。道德激励人们创造美好生活，不断发展完善自己，进而发展完善社会，推动人类文明不断向前发展。

二、道德的形成与特征

道德对个体而言，并不是外在的强制约束和消极的遵守，而是个体的内在需要，是社会历史发展的价值形态和必然要求，也是个体生存与发展的内在要求和实践保障。马克思主义唯物史观揭示了道德的形成与发展的历史规律，为我们提供了最为科学的方法去认识和把握道德的特征。

第一，道德随社会历史条件的变化而变化。"物质生活的生产方式制约着整个社会生活、政治生活和精神生活的过程。不是人们的意识决

---

①马克思恩格斯选集：第3卷[M]．北京：人民出版社，2012：471.
②伦理学编写组．伦理学[M]．北京：高等教育出版社，2012：3.

定人们的存在，相反，是人们的社会存在决定人们的意识。"①道德作为一种社会意识形态，是由社会存在所决定的，而社会存在又主要表现为生产力和生产关系的"物质生活的生产方式"。在这里，生产力表现为一定社会的经济发展水平，生产关系的核心是作为一种基本经济制度的生产资料所有制。由此可见，道德的产生、内容及作用的范围，都受到一定社会经济发展水平和经济制度的制约，是由经济关系和作为经济关系表现的利益及利益关系决定的。因此，在阶级社会中的道德关系也必然刻有阶级关系的烙印。在形成人身依附关系的奴隶社会和封建专制社会，等级观念是处理人与人之间关系的基本道德依据，"顺从"成为当时最重要的道德要求；在主张"自由、平等、博爱"的资本主义社会，尽管利己主义这一核心道德原则决定了不可能在全社会实施真正意义上的"公正"，但是，资产阶级总是要把资本主义社会标榜为自由、平等的社会，以至于人们在日常生活中也习惯于适应资产阶级道德。改革开放40多年来，我国已由传统的计划经济向社会主义市场经济转变，经济制度也由单一的公有制发展为以公有制为主体、多种所有制经济共同发展。伴随着经济形势和经济关系的变化，道德领域也随之发生变化，虽然出现拜金主义、享乐主义、极端个人主义等消极现象，但总体上看，社会主义道德是在不断发展和进步的。人们的主体意识、平等意识、信用意识、责任意识、权利意识和创新精神等道德观念的更新，蕴藏着巨大的道德发展潜力，是道德进步的重要标志。道德的进步与退步，不能用永恒不变的道德原则来衡量，而是要以历史为坐标，在历史发展的进程中来判断。在阶级社会中，处于上升期的阶级所代表的道德往往是进步的、反映历史发展要求的，而衰落阶级所代表的道德往往是落后的、不适应时代发展要求的。同时，道德发展又有继承性，后一种形态的道

---

①马克思恩格斯文集：第2卷[M]．北京：人民出版社，2009：591．

德是在继承前一种形态的道德的基础上发展起来的。

第二，道德在善恶矛盾的辩证运动中发展。道德自形成起就存在着善恶矛盾，不同所有制条件下存在不同性质的善恶矛盾，道德在善恶矛盾的辩证运动中不断发展，这种发展表现为在曲折中上升和前进。善恶观因其历史性、阶级性和民族性而存在着对立与冲突。随着社会生活实践的不断发展，受各自社会物质生活条件尤其是阶级利益的影响和制约，出现了截然不同甚至根本对立的善恶观念。在不同的善恶观念激烈的碰撞过程中，道德观念逐步被澄清，正确的道德观念不断地被认识和接受。值得欣慰的是，人们会对明显有利于人类生存和发展的善的行为产生普遍认同，对腐蚀甚至破坏社会的恶的行为加以贬斥，并由此形成扬善抑恶的举动。恶，虽然也是推动道德进步的力量，但并不是社会生活中所有的恶都是推动道德进步的力量。这里所谓的恶或道德上的恶，一是指在阶级对立社会的矛盾运动中，被压迫阶级的反抗以及他们对自身正当利益的追求，虽被统治者视为道德的恶，但却具有推动社会进步的历史作用；二是人的特定的情欲和贪欲在一定意义上激发了人们的竞争心，客观上成就了阶级利益目标的实现，推动了社会事业的进步；三是恶的存在必然引起善与恶的斗争，人类社会道德正是在善与恶的不断斗争中推动社会道德的进步。

第三，道德在批判继承中发展。"一切划时代的体系的真正的内容都是由于产生这些体系的那个时期的需要而形成起来的。所有这些体系都是以本国过去的整个发展为基础的，是以阶级关系的历史形式及其政治的、道德的、哲学的以及其他的后果为基础的。"①也就是说，社会生产方式和生活方式的延续性，使反映经济关系的道德也必然具有继承性。每个民族、每个时代的道德都不是凭空构造的，而必然要从历史传统道德思想中

①马克思恩格斯全集：第3卷[M]. 北京：人民出版社，1960：544.

汲取营养。但是，对道德传统的继承必须进行甄别、选择和改造。奴隶社会的道德批判地继承了原始社会道德中的宗族血统关系，尽管奴隶社会的道德仍然在一定程度上带有原始社会道德的野蛮性，但道德毕竟成为人类社会的独立文化形态。封建社会的政德合一使道德更具有虚伪性和欺骗性，但是，道德理论、道德规范的加强以及农民道德意识的觉醒、封建统治阶级对农民小私有者的认同等，都是对奴隶社会道德的批判、继承和发展。资本主义社会的利己主义道德原则和"自由、平等、博爱"的道德要求，也是在批判和扬弃封建专制道德基础上形成的。因此，人类社会道德总是在批判中继承、在继承中发展。值得注意的是，道德的批判继承具有明显的阶级烙印，处在不同时代的劳动者，尽管其道德时代内容和特征不同，但是相同的历史命运和相似的生活经历，使他们前后继承，形成了与剥削阶级道德根本对立的道德传统。在阶级社会中，人类道德的批判继承是两个对立阶级各自前后的继承。当然，剥削阶级与被剥削阶级在继承各自道德传统的过程中，也会出现道德基本理念和践行方式上的互相借用，这也是道德批判继承的一种基本形式。"无产阶级文化并不是从天上掉下来的，也不是那些自命为无产阶级文化专家的人杜撰出来的。""无产阶级文化应当是人类在资本主义社会、地主社会和官僚社会压迫下创造出来的全部知识合乎规律的发展。"①这就要求我们在马克思主义道德观的指导下，全面系统地研究中外优秀道德传统，在批判继承的基础上努力建设社会主义道德和共产主义道德。改革开放40多年来，我国社会生产方式和生活方式发生了巨大的变化，使得伦理关系和道德观念也出现了相应的变化，传统与现代、本土与外来等各种思想和价值观念并存，相互激荡，使得道德领域也出现了一些矛盾和冲突。中国特色社会主义建设需要中国特色社会主义道德，这就需要对我国道德传统进行辨析，将其优秀因子与时

---

①列宁选集：第4卷[M]．北京：人民出版社，1995：285.

代精神相融合，并赋予其与社会主义市场经济相适应、与社会主义法律规范相协调的时代价值。同时，应该辩证地看待世界道德遗产，做到科学地甄别与取舍，汲取和借鉴世界道德遗产中的有益成分，为中国特色社会主义道德的完善与发展提供有益的补充。

第三节　大学生道德教育的基本概念

学校道德教育作为道德教育的重要组成部分，是培养大学生道德品质，提升道德境界，调节社会行为，营造社会舆论，改善社会风气，维护和促进良好社会秩序的重要手段。对大学生道德教育基本概念的阐释，是推动高校道德教育不断发展的前提。

一、道德教育

道德教育是人类道德活动的一种重要形式，"就是一定社会或阶级为使人们接受和遵循其道德规范体系的要求，并按其价值标准处世做人、塑造人的品德而有计划有组织地对人们施加系统的道德影响的活动"[①]。道德教育在中华民族的文明发展中起着重要作用，对塑造中华儿女的道德品质和民族精神产生了积极的影响。孔子就十分重视道德教育："道之以政，齐之以刑，民免而无耻。道之以德，齐之以礼，有耻且格。"（《论语·为政》）西方古希腊时期的苏格拉底认为"美德即知识"，肯定了道德是可教的，通过道德教育使人们获取道德知识，并逐步内化为自身的道德品质。人们的道德品质是在接受道德教育的过程中形成的，而社会的道德风尚又与社会成员中每个人的道德品质有关。历代统治阶级都十分注意道德教育的社会作用。在阶级社会里，道德教育历来是统治阶级灌输本阶

---

①魏英敏. 新伦理学教程[M]. 北京：北京大学出版社，1993：390.

级的道德意识，培养统治阶级的人才和对被统治阶级实行精神奴役的重要手段。与此相反，社会主义、共产主义道德教育是要促进社会道德风尚的进步，从而达到消灭剥削、消灭阶级，最终实现共产主义的崇高理想。道德教育不仅要完成道德知识的传授，更重要的是要通过教育促使受教育者将这些道德信念自觉内化为自身的品质，并按照社会道德的要求作出道德判断或付诸道德实践，从而促进社会道德风尚的良性发展。学校道德教育更是着眼于学生的整体发展的教育，在尊重生命与成长的自然规律的同时，为学生营造一个健康、向善的道德成长氛围，让学生掌握道德知识，并拥有道德判断能力，在感性与理性的认知过程中，建立起自身的道德体系，形成良好的道德行为习惯。

关于道德教育，古今中外的思想家形成了很多丰富的思想和理论体系。这些思想和理论体系对于我们理解道德教育的内涵具有很重要的启发。一是关于道德教育目标的确立。杜威认为道德教育目标在于对学生社会道德观念的培养，也就是说，学生具有社会观念那么他就是道德的。也有人认为，"公共理性""交往理性"和"实践理性"的彰显就是当代道德教育的目标，通过这些理性的存在找到公共生活的意义、协商共识的意义以及从理性到行动的实践理性的意义。主张借鉴中国传统文化的学者认为实现了传统文化中的"心中有敬，安伦尽分"的目标就达到了道德教育的目标。传统文化中道德教育的基本理念表现为"心中有敬，安伦尽分之道德主体培育的道德目的论"以及"'承认'与'理解'的方法论""伦理实践导向的德育评价论"①。二是关于道德教育的方法。观古今中外，关于道德教育的方法汗牛充栋，数不胜数。"杜威道德教育思想影响深远，其思想的核心在于明确了兴趣的意义和学校德育目的，建立了'三位一体'的道德教育模式，从心理学视角分析道德教育问题，以及阐明了个

---

①崔振成. 儒家伦理道德一体的文化线索及其当代德育价值[J]. 湖南社会科学，2019（7）：148.

体、社会和道德之间的关系，具有心理学化、行动化、社会化和人本化的特点。"①此外，关于道德教育的方法也有基于"承认"和"理解"基础上的方法论，也有通过生活世界达到教育目标的方法。也有学者主张运用中华优秀传统文化为道德教育提供资源。"性善论是孟子思想体系的核心，也是其王道理想和仁政学说的逻辑起点和理论依据。这一观点重点强调了后天道德修养的必要性与可能性，其核心理念对当代道德建设特别是对大学生思想道德建设仍然具有重要价值。"②三是关于道德教育的主客体关系。无论是基于生活世界的道德教育，还是基于理性的道德教育，无非涉及了道德教育的主体和客体之间的关系，从而形成了"交互主体性""双主体性"和"主客两分法"的模式，这样就形成了或者是基于权威性，或者是基于平等和沟通为主要特点的学说或理论。

马克思主义关于道德教育的认知是指导高校开展道德教育的重要思想。马克思曾在《〈黑格尔法哲学批判〉导言》中提到："哲学把无产阶级当做自己的物质武器，同样，无产阶级也把哲学当做自己的精神武器；思想的闪电一旦彻底击中这块素朴的人民园地，德国人就会解放成为人。"③恩格斯也在《反杜林论》中指出，在当时"欧洲最先进的国家中"，同时存在着基督教的封建道德、现代资产阶级道德和无产阶级道德。这让我们意识到，道德与社会历史发展是不完全一致的。随着社会的发展，旧的道德意识不会随着经济关系的转变而彻底消失，新的道德观念也不是在自然而然中自发产生的。马克思、恩格斯在对道德本质的认识中包含了对道德教育的肯定，认为道德教育是对资本主义现实道德及道德教育思想的批判和对无产阶级新道德的倡导，并致力于在实践中进行道德教

---

①王世锋. 杜威道德教育思想及启示[J]. 中国德育，2019（13）：15.
②孙英浩. 孟子性善论与教化理论的融合对道德教育的启示[J]. 思想政治教育研究，2019（1）：135.
③马克思恩格斯选集：第1卷[M]. 北京：人民出版社，2012：16.

育。"人们的道德意识以及相应的道德品质，并不是一种自然发展的结果，而是基于他们所处的社会关系而自觉形成的。从这里可以得出一个重要的结论，即道德教育的目的，是要把人培养成自觉的人，而只有具备了自觉的道德意识的人，才可能成为高尚的人。"[①]所以，所谓的道德教育是指"教育者按照一定的社会或阶级的要求，有目的、有计划、有组织地对教育对象施加系统的影响，把一定社会的思想和道德转化为个体的思想意识和道德品质的教育"[②]。

二、大学生道德教育

大学生道德教育是将大学生作为教育对象，有意识地培养他们的道德品质、提升道德境界、规范道德行为的道德教育活动。大学生道德教育应培养大学生的政治方向、责任感、使命感、良好的道德品质和健康的心理素质等内容，引导大学生构建自身的道德理想，并自觉运用道德的上限去规范自身的道德行为。《礼记·大学》开篇的第一句话："大学之道，在明明德，在亲民，在止于至善。""大人之学"或者"君子之学"的宗旨在于弘扬光明正大的品性，做到推己及人，教育和引导人们达到较高的道德境界。明德就是指真理性的知识和合理的道德智慧。大学的教育目标就是要培养具有政治素质和道德素质的人才，他们有理想、有自我完善的能力，能服务于社会、服务于国家发展需要，成为德智体美劳全面发展的社会主义事业的建设者和接班人。大学生道德教育并不是道德知识的灌输，而是让他们在理解规范、选择价值和体验意义的过程中，习得道德知识，通过长期的道德教育与实践，将良好的道德品质内化为自身的道德行为准则。高校在对大学生进行道德教育时，应把立德树人贯穿学校教育全过程，始终坚持社会主义办学方向，坚持育人为本、德育为先，把思想品

---

①宋惠昌. 马克思恩格斯的伦理学[M]. 北京：红旗出版社，1986：29.
②中国大百科全书·教育卷[M]. 北京：中国大百科全书出版社，1985：1.

德作为大学生的核心素养，纳入学业质量标准，建构德智体美劳全面培养的教育体系。2019年10月，中共中央、国务院颁布了《新时代公民道德建设实施纲要》，明确指出"要以习近平新时代中国特色社会主义思想为指导……全面推进社会公德、职业道德、家庭美德、个人品德建设，持续强化教育引导、实践养成、制度保障，不断提升公民道德素质，促进人的全面发展，培养和造就担当民族复兴大任的时代新人"①。大学生是我国社会主义事业的建设者和接班人，对大学生进行道德教育应遵循大学生的道德认知规律，开展爱国主义教育、理想信念教育、集体主义教育、中华优秀传统美德教育、社会主义核心价值观教育等。大学生道德教育还应将道德教育的内容融入各学科教育中，体现到学科体系、教学体系、教材体系和管理体系中，让传授知识的过程成为道德教化的过程。高校的思想政治教育工作者在对大学生进行道德教育时，应不断地加强自身师德师风建设，做到以德立身、以德立学、以德施教，成为学生道德行为的榜样。

当前大学生道德教育正面临着前所未有的时代难题和考验，这些时代难题和考验也推动了大学生道德教育的创新性发展。从道德教育的目标而言，中国特色社会主义建设对大学生的基本要求就是道德教育的目标，那就是培养担当民族复兴大任的时代新人，培养德智体美劳全面发展的社会主义建设者和接班人。从道德教育的方法看，包括基于大学生生活世界的道德教育，利用丰富多彩的校园文化，强化道德教育的实践环节，运用新科技和网络开展道德教育等。从道德教育的主客体关系看，大学生在道德教育中越来越体现其主体性，教育者也越来越多地承担起主导性的作用。因此，大学生道德教育是指教育者在遵循时代特征、大学生的身心发展特征和思想行为发展规律的基础上，依据社会公共道德准则和行为规范，对大学生开展有组织、有计划的道德教育实践活动。

①新时代公民道德建设实施纲要[EB/OL]. http://www.gov.cn/zhengce/2019-10/27/content_5445556.htm. 中国政府网，2020-02-09，17：06.

第四节　大学生网络空间道德教育的特征

在网络空间开展大学生道德教育是对大学生在网络空间中遇到的各种道德问题进行解释、批判、评价与引导的教育实践活动。网络空间不仅为大学生道德教育提供了教育场域，网络自身的特点还使得大学生道德教育呈现出独有的特征。

一、教育主客体的交互性

在传统道德教育中，教育者具有明显的主体性、主导性和主动性，教育对象则表现出较强的被动性，道德教育呈现出单向灌输形式，削弱了道德教育的效果。在网络空间道德教育中，网络生存方式彰显了大学生的主体性，赋予了大学生参与教育的自由权、对教育信息的选择权、对价值认同的自主权和信息反馈的主动权，使得网络空间道德教育主客体之间呈现出共在、共进、共生和共享的特征。教育对象不再只是道德教育的跟随者、盲从者，更是参与者、见证者和主导者。在网络空间中，对大学生进行道德教育时，教育者和教育对象原有的身份与角色不再是固定不变的，教育过程更像是教育对象的自我宣泄、自我创造、自我认识的提升过程，二者之间的地位趋于平等，呈现出明显的教育主体客体化、教育客体主体化趋势。在教育主体客体化过程中，教育主体在平等交互的氛围中接受来自教育客体的思想对话和信息传递，从而被赋予网络空间道德教育客体所具有的特征；在教育客体主体化过程中，教育主体依据一定的社会规范和尺度，潜移默化地影响和塑造着网络空间道德教育客体，从而在教育客体身上呈现出教育主体所具有的本质属性。互联网的即时交互性，使得教育主客体能够瞬间实现一对一、一对多、多对多的同时交流，从而显现出网络空间道德教育的双主体甚至多主体的发展趋势。在网络空间道德教育活动中，教育者应更加注重在教育过程中的引导作用，树立平等意识，尊重教育对象的主体地位，关注教育对象的情绪变化和真实诉求，通过适当的沟通方式，实现更广泛而深层的思想、信息和情感的交互，引导教育对象对教育内容产生共鸣，促使教育对象实现道德自律与他律的高度统一。

二、教育内容的开放性

网络空间道德教育内容的开放性主要依托于网络空间的开放性，网络空间打破了地域和时间的限制，也没有种类和行业的限制，使其呈现出开放性和多元化的发展态势。网络空间的开放性保证了网络空间道德教育内容的丰富性和前沿性，确保了教育内容更新的及时性和连续性。传统的道德教育内容是由特定机构、专职人员通过编写教材、资料、课件等形式提供，具有专一性和封闭性的特点。而在网络空间中，大学生的主体意识不断增强，在教育内容的选择与接收中更具有自主权，当教育内容不能引发他们的阅读兴趣时，他们就会随时"下线"或"断线"，使得网络空间道德教育的主客体之间呈现出虚置或停滞状态。教育对象的不确定性，对网络空间道德教育内容提出了更高的要求。网络空间道德教育内容在弘扬理想信念、新时代爱国主义、社会主义核心价值观的同时，应增加网络媒介素养、网络道德行为规范、网络安全、网络心理健康等教育内容。值得注意的是，一味地进行权威性道德教育内容的输出，不利于网络空间道德教育内容的传播。网络空间道德教育应倾向于更新、更快、更准、更灵活的教育内容，通过增强议题的吸引力、深化话语的感染力、强化视觉的冲击力、提升道德榜样的感召力来吸引更多受众，发挥网络空间道德教育的引领功能和影响作用。这样的网络空间道德教育内容更具有亲和力，能够针对网络空间中的道德失范现象，进行深层次的剖析，并弘扬网络空间中的优秀道德榜样，从而提升网络空间道德教育的效果。因此，在网络空间中人人都是道德教育素材的提供者，内容的创造者、接收者和传播者。网络空间道德教育内容不再由指定机构或人员进行编写，每一个环节都是由教育主客体之间的共创来实现，使得网络空间道德教育内容具有开放性的特点。网络空间道德教育内容通过文本的方式在网络空间中进行传播，教育者的每次文本链接和鼠标点击都会生成一个定位的起点与意义辐射的源头，教育对象的阅读、转发形成了文本的空间性互动和时间性互动，无限增大了文本的原有意义，并产生连教育主体都无法预料的教育效果。网络空间道德教育的内容呈现出开放性特点，使其融合了道德教育、网络信息技术、传播学等多学科内容，通过师生共创的方式，生产出更多易被大学生接受的道德教育内容，能健全大学生的道德人格，促使大学生在网络空间中坚定社会主义道德理想，用社会主义核心价值观念来规范自身的网络道德行为。

三、教育场域的跨地域性

教育场域是指"在教育者、受教育者及其他教育参与者相互之间形成的一种以知识生产、传承、传播和消费为依托，以人的发展、形成和提升为旨归的客观关系网络"[①]。在现实场域中，居住在同一地域的人们，更容易发生经常性的交往，形成密切的联系。居住在不同地域的人们，则受到客观条件的限制，在日常生活交往中难以形成密切的联系。随着网络技术的不断发展，人们依靠计算机技术、远程通信技术而建立起的全球性互联网络，能够即时、快捷地实现分处在世界各地的人们之间的沟通与交流，为跨地域生活提供了客观条件。网络空间作为新兴的教育场域，已经成为现实教育场域的对照与补充，并具有跨地域性的特点。网络技术的发展打破了传统道德教育模式的封闭性，实现了教育资源在更大范围内的共享。教育对象可以不受时间、空间的限制，浏览、下载和转发教育信息，

---

①刘生全. 论教育场域[J]. 北京大学教育评论，2006（1）：83.

极大地调动了教育对象学习的主动性和创造性。网络教育场域能够更好地利用网络人机互动和人际互动来拉近师生之间、同学之间、教师之间的网络交流、探讨、协作和答疑。这种通过文字、图片、音频、视频等多种感官的综合刺激，能够为网络空间道德教育提供形象直观、界面友好的交互式学习环境，有利于教育情境的创设，激发教育对象的学习热情，让他们在主动参与教学活动的过程中习得良好的网络道德规范。在技术资源的使用上，教育空间不再局限于教室、黑板和讲台，而是借助于多媒体工具和平台，从视、听、说、触等多维度开展网络空间道德教育。在教育环境的营造上，多媒体、VR、AI的应用，在虚拟环境下为网络空间道德教育营造出趋于现实的学习情境，将抽象的学习与现实生活融合起来，激发教育对象主动参与网络空间道德教育实践。

四、教育方式的虚拟性与现实性

信息通信技术、虚拟现实技术等新兴技术在教育领域中的推广和应用，引发了网络空间道德教育教学活动的深刻变革。网络空间道德教育活动主要是由现实课堂教学与虚拟课堂教学两种方式构成。在现实社会中进行网络空间道德教育是通过"主—客—主"的交往模式，教师与学生产生单向、双向或多向的直接交往，形成线性的、点对点或点对面的教育方式。现实社会中的网络空间道德教育活动借助固定的教室、实验室，使得教师与大学生形成稳定的业缘关系，教师通过语言、文字、符号等中介，与大学生产生思想的碰撞和情感的交流。这种基于身体化的教育实践，能够不断完善大学生对网络道德规范的认同与内化。网络空间作为现实社会的延伸，已经全方位地融入人们的日常生活，作为教育主体的教师和教育客体的大学生也以一种"去身体"的符号化存在而融入虚拟教学中。在网络空间中，教育主体与客体通过"人—机—人"的交互模式，借助数字化中介来实现网络空间道德教育活动。在虚拟教育中，教师突破了传统教育物理空间的限制与束缚，以"去身体"的方式与大学生进行沟通和对话交流。教师可以通过传播网络空间道德教育的信息、文化、课程，建立虚拟网络空间道德教育社群，对网络热点话题进行答疑，建立网络空间道德相关内容的公众号、教育资源网站等方式进行网络空间道德教育实践活动。大学生在网络空间中的主体意识不断增强，他们只有对教育内容产生兴趣时，才与教育主体产生短暂的主客体关系，一旦教育内容不符合他们的预期或无法调动他们的浏览、阅读和参与兴趣的话，他们将随时离线，中断教育的主客体关系，进而中断网络空间道德教育。因此，网络空间中的大学生具有教育客体的不确定性。教师在开展网络空间道德教育时，应通过网上学校、在线课堂、虚拟学习社区等虚拟教学平台，开展平等对话和线上交流，来增进师生之间的了解，尽量运用大学生喜闻乐见的、具有正能量的网络流行语，配合图片、动画、音频、视频等增加教育内容的视觉听觉冲击，提升教育内容对大学生的吸引力，从而形成确定的教育主客体关系，切实提高网络空间道德教育效果。

网络空间道德教育方式的虚拟性与现实性是相互渗透、相互影响的。教育者与教育对象在现实社会中构建起来的主客体关系在网络空间中并没有消失，他们的个性与品德也没有随着进入虚拟空间而消失，而是对现实社会中师生个性的重要体现。网络空间道德教育方式的虚拟性是对现实性的良好补充和扩展。在网络空间中，同步直播教学、同步集体讨论等模式是对现实教育的虚拟化体现；点播教学、异步集体讨论、文本资料的课外自主阅读则是对现实教学的扩展；利用数字化资源开展线上个性化学习、小组学习和在线群体交互的社会性学习则是对现实教育方式的创新，进而形成模拟现实课堂、扩展现实课堂、创新现实课堂的虚拟教学活动。只有正确地把握网络空间道德教育方式的虚拟性与现实性的辩证关系，才能保持网络空间道德教育在现实社会与网络空间中的张力，促进两者的共存与和谐发展，切实提高网络空间道德教育质量。

第五节　大学生网络空间道德教育的意义

网络空间道德教育是教育主体通过有组织、有计划、有目的地实施道德规范的教育与价值观念的引领，影响大学生的网络行为活动，使得大学生在无人监督的虚拟环境中，能够坚守道德信念。在网络空间中对大学生进行道德教育，有助于拓展思想政治教育的研究领域，促进大学生自由而全面的发展，在网络空间中自觉践行社会主义核心价值观。

一、拓展思想政治教育的研究领域

任何一门学科的发展都离不开特定时空的境遇和历史背景，我国改革开放40多年的光辉历程为思想政治教育的学科建设提供了广阔的实践平台和丰厚的理论滋养，为思想政治教育的不断深化研究注入了强大的动力。我国在革命战争与社会主义建设的伟大实践中始终坚持思想政治教育，并在理论与实践不断探索中创立了思想政治教育学科。思想政治教育学科自成立以来，在基础理论研究、方法论研究、发展史研究、比较思想政治教育研究和跨学科研究等领域中取得了丰硕的成果。但是，思想政治教育学科毕竟是一个新兴学科，不仅一些研究成果还需要在思想政治教育实践中进行进一步充实与发展，而且学科的基本理论研究也需要不断深化。学科面临的新领域，诸如网络思想政治教育、新媒体思想政治教育、社区思想政治教育、思想政治教育创新发展的理论研究等，还需要进一步加强。总之，思想政治教育的研究空间在不断扩展，研究对象的群体覆盖面在不断扩大，研究主题也越来越具有时代气息。

"思想政治教育是教育者与受教育者根据社会和自身发展的需要，以正确的思想、政治、道德及理论为指导，在适应于促进社会发展的过程中，不断提高思想、政治道德素质和促进全面发展的过程。"①道德教育作为思想政治教育的重要组成部分，担负着培养道德品质、提升道德境界、调节社会行为、营造社会舆论、改善社会风气和维护良好社会秩序的责任与使命。虽然我国在道德领域呈现出积极健康向上的良好态势，但随着我国经济社会的深刻变革，市场经济规则、政策法规、社会治理还不够健全，受不良思想文化侵蚀和网络有害信息的影响，道德领域依然存在不少问题。网络技术的发展改变了人们的生活方式、行为方式和思维方式。大学生作为网民的重要组成部分，他们的道德水平直接影响着整个社会的道德水平。因此，对大学生进行网络空间道德教育已成为思想政治教育的重要议题。网络空间道德教育旨在培养大学生的网络责任意识，提高大学生的判断思维能力、独立自主能力和人际交往能力，使其在网络空间中履行社会责任和道德责任。

开展网络空间道德教育研究能够继续深化思想政治教育理论，以网络空间中的大学生群体为实践活动的研究对象，以揭示这种特殊实践活动的客观规律与目的，能够进一步夯实思想政治教育的学科基础，提升思想政治教育研究的科学化水平。在网络空间中，大学生道德教育研究是对重大现实问题的关注，如在网络空间中实现思想政治教育的创新发展，推动中国传统文化与思想政治教育的逻辑关联及转化创新，切实提升大学生网民的道德素质，促进大学生的全面发展，培养能够担当民族复兴大任的时代新人。因此，开展网络空间中大学生道德教育研究，是回答时代提出的实践问题的必然要求，是对思想政治教育学科发展的积极探索，拓宽了思想政治教育的研究领域，激发了思想政治教育的研究活力。

二、促进大学生的自由全面发展

"代替那存在着阶级和阶级对立的资产阶级旧社会的，将是这样一

①教育部思想政治工作司. 大学生思想政治教育理论与实践[M]. 北京：高等教育出版社，2009：2.

个联合体，在那里，每个人的自由发展是一切人的自由发展的条件。"①
网络空间为大学生自由全面发展提供了有利条件。社会生产力的高度发展是实现"人的自由全面发展"的前提，网络空间的诞生是社会生产力高度发展的结果。在网络空间中，大学生摆脱了时间和空间的束缚，催生出新的思维方式、生活方式和行为模式，为其在网络空间中实现"人的自由全面发展"奠定了基础。全面发展的人应具有高尚的道德情操，能够正确处理人与人、人与社会之间的关系，并具有正确的世界观、人生观和价值观。

在网络空间中，培养大学生具备高尚的社会主义道德情操，应根据大学生的身心发展规律、道德教育规律和个性特点制定具体的培养模式，着重培养大学生在网络空间中的责任心、同情心和仁爱心，使大学生认识到自身应承担的网络空间道德责任。高校对大学生开展网络空间道德教育时，应以高度的政治责任感和使命感将党的教育方针落到实处，作为一切教育工作的出发点和落脚点。高校在对大学生进行马克思主义理论教育时，应让大学生认识到社会主义制度的优越性，树立"四个自信"，自觉践行社会主义核心价值观，激发自身的责任感与使命感。大学生只有具备良好的网络道德情操，才能在网络空间中树立正确的思想道德观念，提高政治水平与道德品质，将"服务人民、奉献社会"作为自身的道德理想。

共青团中央、教育部等部门发布的《全国青少年网络文明公约》强调，青少年要善于网上学习，不浏览不良信息；要诚实友好交流，不侮辱欺诈他人；要增强自护意识，不随意约会网友；要维护网络安全，不破坏网络秩序；要有益身心健康，不沉溺虚拟时空②。在网络空间中，倡导大

---

①马克思恩格斯选集：第1卷[M]. 北京：人民出版社，2012：422.
②全国青少年网络文明公约[EB/OL]. http://www.cctv.com/special/279/index.shtml，新闻频道，2019-09-20，12：50.

学生施行网络道德行为规范，有助于对大学生进行网络行为的指导，并在反复的道德实践中，将外在的准则转化为自身的道德意识，维护网络空间秩序。大学生在网络空间中应坚持马克思主义道德，坚持社会主义道德，坚持古为今用、推陈出新，努力实现中华传统美德的创造性转化。大学生应讲道德、遵道德、守道德，在网络空间中形成向上、向善的力量。大学生应遵守法律法规底线、社会主义制度底线、国家利益底线、公民合法权益底线、社会公共秩序底线、道德风尚底线和信息真实性底线，自觉用这七种底线意识来约束自身的网络行为，提高自身的网络道德水平。在以自律为主的网络空间中，大学生应做到不传播有害信息，不发表不正确言论，不侵犯他人利益，不传播病毒，诚实守信，维护国家安全，对网络空间中出现的失范行为进行批评，形成网上监督的作用，遏制网络失范现象的发生。在网络空间中，大学生的行为极易对他人产生影响，这就需要大学生做到互相尊重，文明上网，尊重他人隐私，不恶意攻击他人，损害他人名誉，时刻注意自己的行为所将产生的后果，避免对他人造成伤害。在网络空间中，大学生应能够从海量的信息中甄辨出信息背后的真实意图，做到分清善恶，明辨是非，对正确的言行进行鼓励，对恶意的谎言要坚决打击，杜绝以讹传讹，防止造成网络空间中的恐慌。大学生在网络空间中要注重网络礼仪，在与人交往中多使用文明用语，能够做到网上网下言行一致，不滥用权利，用宽容之心待人，平心静气地参与网络辩论，主动分享自身的知识和资源。大学生应通过道德实践活动弘扬真善美，传播正能量，努力使网络文明公约成为自身道德行为的指导思想，成为网络秩序的维护者。大学生在网络空间中自觉践行良好的道德行为，能够进一步提高其对网络空间道德问题的理性认识，正确处理人与人、人与社会及网络空间与现实社会之间的关系。大学生逐步在网络空间中形成良好的道德风尚，最终成为有益于他人、有益于社会的人，进而促进其在网络空间中的自由全面发展。

三、引导大学生在网络空间中自觉践行社会主义核心价值观

现实社会中，道德是人们在长期的社会实践中形成的，反映了人们社会活动的一般规律，规范着人们的行为并保障社会的有序运行。网络空间是现实社会的延伸。大学生作为网络空间中最活跃的行为主体，他们既是现实社会的成员，又是网络空间的网民。在现实社会中，大学生通过长期的道德教育与道德约束，在道德实践中不断规范着自身的道德行为。在网络空间中，部分大学生受到拜金主义、享乐主义、极端个人主义的负面影响，容易产生道德观念的模糊甚至缺失，是非、善恶、美丑不分，背弃社会道德与自身的责任及义务，在现实社会与网络空间的角色转换中，形成双重或多重人格，表现出粗俗、虚伪、颓废、暴力等特征，严重影响了网络空间的有序发展。这就需要高校思想政治教育工作者在网络空间中对大学生开展道德教育时，"坚持马克思主义指导地位，坚持中国特色社会主义教育发展道路，坚持社会主义办学方向，立足基本国情，遵循教育规律，坚持改革创新，以凝聚人心、完善人格、开发人力、培育人才、造福人民为工作目标，培养德智体美劳全面发展的社会主义建设者和接班人"[①]。道德教育带有历史的、阶级的政治属性，教育目标也反映着不同政治制度的要求。"网络空间是亿万民众共同的精神家园。网络空间天朗气清、生态良好，符合人民利益……用社会主义核心价值观和人类优秀文明成果滋养人心、滋养社会，做到正能量充沛、主旋律高昂，为广大网民特别是青少年营造一个风清气正的网络空间。"[②]

社会主义核心价值观是中国精神的集中体现，是社会主义道德建设的指导思想，是中华民族赖以生存的精神纽带，是凝聚中国力量的思想道德

---

①习近平. 坚持中国特色社会主义教育发展道路 培养德智体美劳全面发展的社会主义建设者和接班人[J]. 儿童发展研究，2018（03）：1-4.

②在网络安全和信息化工作座谈会上的讲话[N]. 人民日报，2016-04-26（02）.

基础。网络空间已成为大学生认识世界、了解世界、交友购物、休闲娱乐的重要场域，越来越多的大学生开始意识到网络道德的重要性，并希望建立文明、和谐、自由、平等、诚实、友善的网络环境。高校在开展网络空间道德教育活动时，应开展理想信念教育，深化中国特色社会主义和中国梦的宣传，弘扬民族精神与时代精神，加强新时代爱国主义、集体主义、社会主义教育，引导大学生树立正确的历史观、民族观、国家观与文化观。高校可在网络空间中广泛开展道德实践活动，深化学雷锋志愿服务活动，发挥重要节日的主流价值引导优势，积极开展"互联网+公益"的线上道德实践活动，引领网络空间的文明风尚。

"观念的东西不外是移入人的头脑并在人的头脑中改造过的物质的东西而已。"[①]高校在对大学生进行网络空间道德教育时，应以马克思主义为指导，树立严于律己、不断进取、精益求精、敬业奉献的道德情怀，做到热爱祖国、积极向上、团结友善、文明礼貌、自强不息，自觉理解并践行社会主义核心价值观，以高尚的网络道德情操引领自身的道德行为。大学生在网络空间中自觉践行社会主义核心价值观是一个长期的过程，从符合社会主义核心价值观的基本要求做起，经过理性认识的沉淀和内心情感的升华，产生坚定的道德信念，才能自觉按照社会主义核心价值观的要求和准则约束自身的行为，才能对网络空间中海量的信息进行科学的选择与甄别，做到不盲从、不跟风，针对网络行为作出从优而非从众的选择。对大学生进行网络空间道德教育，树立鲜明的价值导向，强化道德榜样的示范作用，能够增进大学生对于网络空间道德规范的认同，引导大学生在日常网络行为中践行社会主义核心价值观，使之成为大学生的网络空间道德规范和行为准则。

---

①马克思恩格斯选集：第2卷[M]. 北京：人民出版社，2012：93.

第二章

大学生网络空间道德教育的
理论基础与思想借鉴

　　无论是网络空间还是现实社会，道德教育都是人存在的一种方式，也是人社会存在的反映。马克思、恩格斯创立了唯物史观，为研究教育问题奠定了理论基础。他们在对资本主义社会批判基础上形成的关于教育的思想，为我们今天研究当代的教育问题奠定了理论基础。中华优秀传统文化中蕴含着丰富的道德教育的思想，这为我们研究道德教育提供了思想借鉴。西方哲学中蕴含着丰富的伦理和道德的思想，也为我们审视道德问题提供了独到的视角。

第一节　马克思主义经典作家关于道德教育的思想

　　马克思、恩格斯的道德教育思想是伴随着历史唯物主义和科学社会主义理论的创立而逐渐形成的，是随着他们在政治经济学领域的研究和共产主义运动的实践而不断深化与发展的。马克思、恩格斯虽然没有提出共产主义道德教育的概念，但却在诸多著作和场合中，表达了对无产阶级进行共产主义道德教育的思想。他们主张通过道德教育活动，来提高工人阶级的觉悟，培养崇高的道德人格。

一、道德是人类社会特有的意识

　　道德是人类社会特有的现象，属于意识形态范畴，它起源于人的社会意识，是人区别于动物的重要特征。动物没有意识，所以，动物社会中不可能有道德。"动物不把自己同自己的生命活动区别开来。它就是自己的生命活动。人则使自己的生命活动本身变成自己意志的和自己意识的对象。他具有有意识的生命活动。这不是人与之直接融为一体的那种规定性。有意识的生命活动把人同动物的生命活动直接区别开来。正是由于这一点，人才是类存在物。或者说，正因为人是类存在物，他才是有意识的存在物，就是说，他自己的生活对他来说是对象。"①人和人类特有的意识在道德形成过程中发挥着重要的作用。没有体现意识的语言和思维，就无法对社会道德关系进行抽象和概括，也就不能形成道德意识。人的道德意识是在劳动中产生的，劳动将人与动物区分开来，创造了人、社会和社会关系，也创造了社会道德。人在产生的同时，也形成了人与人、人与社会的关系，"凡是有某种关系存在的地方，这种关系都是为我而存在的；动物不对什么东西发生'关系'，而且根本没有'关系'；对于动物来说，它对他物的关系不是作为关系存在的"②。当然，从猿变成人只是人的社会化进程的开始，但作为劳动和道德主体，此时的人已经意识到人的存在及其存在的需要。随着劳动的进一步发展，人类社会最初自发地或自然地形成了建立在性别基础上的分工，从畜牧业与农业的分工，到农业与工业的分工，客观上促进了劳动的发展和社会生产力的提升。在这一进程中，人类的道德觉悟不断提高。劳动分工不仅使劳动主体进一步明确了自身的责任和义务，也使劳动者意识到人与人之间的利益关系及其合理调节与同等协作的必要性，促进了人和人类自身在理性意义上的生产与再生产，进而促进了人类道德的不断发展和完善。

马克思、恩格斯在《德意志意识形态》中指出，道德与宗教、哲学、政治一样，属于社会意识形态的范畴，是社会物质生产的反映，也是社会

①马克思恩格斯文集：第1卷[M]. 北京：人民出版社，2009：162.
②马克思恩格斯文集：第1卷[M]. 北京：人民出版社，2009：533.

分工发展的结果。他们认为，观念和思维是人们的物质关系的直接产物，是人们在现实生活的反映。道德与其他意识形式一样，不是独立发生与发展的，它是社会的经济基础和人们的现实生活的实践，并受到经济生活和社会关系的制约。马克思在批判历史唯心主义时强调，道德是反映人们生活过程的社会意识形态，无论是作为个体意识还是作为群体意识，道德都是人们社会存在和实践活动的前提，是一切社会关系的反映，是由人们的交往需要产生的。"意识在任何时候都只能是被意识到了的存在，而人们的存在就是他们的现实生活过程。"①因此，道德意识不是在人们的头脑中自发产生的，而是在社会存在和生活实践中产生的。道德从本质上来说是他律的，但个人借以律己的道德准则却是自主的，需要注意的是，这不是人脑自撰出来的，是在社会生活中实践中得来的。"个人怎样表现自己的生命，他们自己就是这样。因此，他们是什么样的，这同他们的生产是一致的——既和他们生产什么一致，又和他们怎样生产一致。因而，个人是什么样的，这取决于他们进行生产的物质条件。"②道德总是一种社会历史现象，受制于社会存在和经济基础，是一种变化发展的意识。

二、道德是社会经济发展的产物

"每一历史时代的经济生产以及必然由此产生的社会结构，是该时代政治的和精神的历史的基础。"③马克思、恩格斯在确立唯物史观以后，对道德的理解也开始从社会经济关系的角度进行考虑。他们在批判宗教视野下将道德神秘化的同时，主张道德认识只能从社会关系出发，去理解人与人、人与集体、人与社会之间的利益冲突和矛盾运动。

"人类的全部历史（从土地公有的原始氏族社会解体以来）都是阶级

①马克思恩格斯选集：第1卷[M]. 北京：人民出版社，2012：152.
②马克思恩格斯选集：第1卷[M]. 北京：人民出版社，2012：147.
③马克思恩格斯选集：第1卷[M]. 北京：人民出版社，2012：380.

斗争的历史，即剥削阶级和被剥削阶级之间、统治阶级和被压迫阶级之间斗争的历史；这个阶级斗争的历史包括有一系列发展阶段，现在已经达到这样一个阶段，即被剥削被压迫的阶级（无产阶级），如果不同时使整个社会一劳永逸地摆脱一切剥削、压迫以及阶级差别和阶级斗争，就不能使自己从进行剥削和统治的那个阶级（资产阶级）的奴役下解放出来。"①在阶级社会里，"任何一个时代的统治思想始终都不过是统治阶级的思想"②，这就使得道德和道德教育带有了浓厚的阶级性与政治性的色彩。在阶级社会中，道德教育的目的就是培养出符合统治阶级利益和阶级要求的道德人格，是特定阶级所具有或承认的道德行为体系。在阶级社会中，道德领域占统治地位的总是统治阶级的道德思想观念。统治阶级为了维护自身的统治，必然要通过道德教育来实现对社会成员的统治。无产阶级作为被统治阶级，则由于自身经济地位而形成一些不同于统治阶级的道德观念。马克思认为，无产阶级"构成了同一切有产阶级相对立的、有自己的利益和原则、有自己的世界观的独立的阶级，在他们身上蕴蓄着民族的力量和推进民族发展的才能"③。他们在与反动的政府作斗争时，虽然屡遭迫害，却拥有大无畏的革命精神，"一切迫害都引起与本意相反的结果；不仅不能摧毁或至少制服工人政党，反而源源不断地给它招来了新的战斗力量并巩固了它的组织"④。无产阶级在面对剥削时，"只能在两条道路中选择一条：或者屈服于命运，做一个'好工人'，'忠实地'维护资产者的利益（这样他就势必要变成牲口），或者起来反抗，尽一切力量捍卫自己的人的尊严，而这只有在反抗资产阶级的斗争中才能做到"⑤。

恩格斯在《英国工人阶级状况》中高度评价了工人阶级的道德，工人

①马克思恩格斯选集：第1卷[M]. 北京：人民出版社，2012：385.
②马克思恩格斯选集：第1卷[M]. 北京：人民出版社，2012：420.
③马克思恩格斯选集：第1卷[M]. 北京：人民出版社，2012：132.
④马克思恩格斯选集：第3卷[M]. 北京：人民出版社，2012：36.
⑤马克思恩格斯文集：第1卷[M]. 北京：人民出版社，2009：433.

阶级虽然缺少教育，也没有对宗教产生过分的狂热追求，却有着一种天然的道德仁慈，是一种真正意义上的人道主义，他们的道德原则最动人、最高贵，最合乎人情。"我们拒绝想把任何道德教条当做永恒的、终极的、从此不变的伦理规律强加给我们的一切无理要求，这种要求的借口是，道德世界也有凌驾于历史和民族差别之上的不变的原则。相反，我们断定，一切以往的道德论归根到底都是当时的社会经济状况的产物。而社会直到现在是在阶级对立中运动的，所以道德始终是阶级的道德；它或者为统治阶级的统治和利益辩护，或者当被压迫阶级变得足够强大时，代表被压迫者对这个统治的反抗和他们的未来利益。没有人怀疑，在这里，在道德方面也和人类认识的所有其他部门一样，总的说是有过进步的。但是我们还没有越出阶级的道德。只有在不仅消灭了阶级对立，而且在实际生活中也忘却了这种对立的社会发展阶段上，超越阶级对立和超越对这种对立的回忆的、真正人的道德才成为可能。"①马克思拒绝把任何道德教条当作永远不变的伦理规则，并强加给人们，道德是社会经济状况的产物，道德始终是阶级的道德，必然带有它由之脱胎换骨的那个社会历史特征。资本主义制度虽然在生产力上取得长足进步，但人类也同样为它付出了贫困甚至于失去家园的代价，在资本主义制度下，工人阶级的物质生活条件总体上来说是变得更惨了。资本主义制度已经无可避免地造成了无产阶级道德上的沦丧，但由于无产阶级自身的生活状况，给了这个阶层的人民更好的教育，使他们具备了一种不同于资产阶级的道德优势，形成了一种认识自身地位和历史使命的共产主义意识。值得注意的是，无产阶级自发的阶级意识还不足以应对资产阶级的压迫，容易受到资本主义社会的影响，容易产生道德堕落的现象。只有通过对无产阶级进行道德教育与引导，才能坚定他们的共产主义信仰，从情感与理智的双重意义上认清自身的处境及肩负

①马克思恩格斯选集：第3卷[M]．北京：人民出版社，2012：471．

的使命。

三、实践是道德形成的前提

马克思、恩格斯认为，实践是道德形成的前提。马克思在《关于费尔巴哈的提纲》中指出："全部社会生活在本质上是实践的。凡是把理论引向神秘主义的神秘东西，都能在人的实践中以及对这种实践的理解中得到合理的解决。"①马克思认为，"社会"不仅仅被理解为"类生活"，社会是一种现实的、经验的社会人之间的联合，使得"社会"成为人类历史发展在不同阶段的通用名词。马克思赋予"社会"在历史"实践"中的现实意义，人的本质也就不再单纯地体现为"类本质"，而是体现为现实的社会关系的总和。这种对人的本质和社会"实践"的现实性理解，为道德的形成提供了可能。

马克思、恩格斯在《德意志意识形态》中对唯物史观进行了系统的论述，指出社会存在决定社会意识，认为现实的人的活动以及他们的物质生活条件是确立唯物史观的前提，表明了物质生活在人类社会发展中的重要作用。"思想、观念、意识的生产最初是直接与人们的物质活动，与人们的物质交往，与现实生活的语言交织在一起的。人们的想象、思维、精神交往在这里还是人们物质行动的直接产物。表现在某一民族的政治、法律、道德、宗教、形而上学等的语言中的精神生产也是这样。人们是自己的观念、思想等等的生产者，但这里所说的人们是现实的、从事活动的人们，他们受自己的生产力和与之相适应的交往的一定发展——直到交往的最遥远的形态——所制约。"②马克思认为，社会存在是人的实践创造的。社会生活本质上是实践的，人的全部意识都应来自人的社会实践。作为精神生产的道德也是实践的产物，是现实的、从事活动的人在社会生活

①马克思恩格斯选集：第1卷[M]. 北京：人民出版社，2012：135-136.
②马克思恩格斯选集：第1卷[M]. 北京：人民出版社，2012：151-152.

与生产中创造出来的。恩格斯在《英国工人阶级状况》中通过对英国工人阶级生活状况的调查，得出资本主义制度是工人阶级精神和道德水平低下的主要原因。"英国资产阶级由于自私自利竟这样冷酷，这样鼠目寸光，甚至不肯花一点力气把现代道德，即资产阶级为了自身的利益、为了自身的保障而炮制出来的道德灌输给工人！"①资产阶级对无产阶级脱离了工人实际的宗教式道德说教，是不会帮助工人实现道德的提升的。"幸而这个阶级的生活状况给了他们一种实际的教育，这种教育不但代替了学校的那套东西，而且还清除了和那些东西乱七八糟搅在一起的宗教观念的毒素，甚至还把工人置于英国全民族运动的前列。"②工人阶级在自身的生活与生产实践中，逐渐形成了与资产阶级截然相反的道德观念，让他们开始意识到自己和全民族的利益。教育与生产劳动是密不可分的，道德教育更是在实践中开展的。马克思在《资本论》中强调："未来教育对所有已满一定年龄的儿童来说，就是生产劳动同智育和体育相结合，它不仅是提高社会生产的一种方法，而且是造就全面发展的人的唯一方法。"③恩格斯也在《反杜林论》中指出："在社会主义社会中，劳动将和教育相结合，从而既使多方面的技术训练也使科学教育的实践基础得到保障。"④

无产阶级道德教育除了在生活实践和生产实践中体现外，与无产阶级解放自身的共产主义革命运动是分不开的。马克思、恩格斯在《共产党宣言》中指出："共产党一分钟也不忽略教育工人尽可能明确地意识到资产阶级和无产阶级的敌对的对立，以便德国工人能够立刻利用资产阶级统治所必然带来的社会的和政治的条件作为反对资产阶级的武器，以便在推翻德国的反动阶级之后立即开始反对资产阶级本身的斗争。"⑤

①马克思恩格斯文集：第1卷[M]. 北京：人民出版社，2009：427-428.
②马克思恩格斯文集：第1卷[M]. 北京：人民出版社，2009：427.
③马克思恩格斯选集：第2卷[M]. 北京：人民出版社，2012：230.
④马克思恩格斯选集：第3卷[M]. 北京：人民出版社，2012：710.
⑤马克思恩格斯选集：第1卷[M]. 北京：人民出版社，2012：434-435.

在当时，也只有通过革命实践活动才能真正地去教育广大工人群众，帮助工人阶级摆脱资本主义对无产阶级道德堕落的影响。为此，共产党人在对无产阶级进行教育之初，是希望无产阶级，推翻资产阶级的统治并夺取政权，最终实现消灭私有制。"共产主义革命就是同传统的所有制关系实行最彻底的决裂；毫不奇怪，它在自己的发展进程中要同传统的观念实行最彻底的决裂。"①马克思、恩格斯始终认为，只有通过革命实践，才能提高工人阶级的阶级意识与道德素养，彻底清除资产阶级道德在无产阶级身上的负面影响。列宁在此基础上提出了"灌输"教育对俄国革命的重要性，他认为，"没有革命的理论，就不会有革命的运动"②。科学社会主义不能自发地出现在工人阶级的思想中，只能通过外部灌输来实现。"工人本来也不可能有社会民主主义的意识。这种意识只能从外面灌输进去，各国的历史都证明：工人阶级单靠自己本身的力量，只能形成工联主义的意识。"③列宁认为，只有通过"灌输"教育，才能全面地增强工人阶级的阶级意识，使他们明确历史使命，使他们从"自在"阶级向"自为"阶级转变，推动他们由自发运动向自觉的革命运动转变，促进思想斗争向革命意志转变，最终实现无产阶级革命的完全胜利和自身的彻底解放。

四、倡导共产主义道德

"现在代表着现状的变革、代表着未来的那种道德，即无产阶级道德，肯定拥有最多的能够长久保持的因素。"④无产阶级道德是反映无产阶级和全人类利益的思想意识，是在无产阶级运动过程中产生和发展的。

①马克思恩格斯选集：第1卷[M]. 北京：人民出版社，2012：421.
②列宁选集：第1卷[M]. 北京：人民出版社，1995：311.
③列宁选集：第1卷[M]. 北京：人民出版社，1995：317.
④马克思恩格斯选集：第3卷[M]. 北京：人民出版社，2012：470.

对于封建社会而言，资本主义社会是一种进步，但它会随着社会生产的日益发展与进步，逐渐成为社会形态变迁的桎梏，束缚社会生产力的发展，其内在的无法调节的矛盾必然会以某种不自知的方式造成自身的消亡，并创造出执行这一历史任务的阶级——无产阶级。"资产阶级在它的不到一百年的阶级统治中所创造的生产力，比过去一切世代创造的全部生产力还要多，还要大。"①资本主义制度的建立，使得以往的社会关系与思想观念都发生了变化，"资产阶级抹去了一切向来受人尊崇和令人敬畏的职业的神圣光环。它把医生、律师、教士、诗人和学者变成了它出钱招雇的雇佣劳动者。"②资产阶级虽然在历史上曾起过非常革命的作用，但"它无情地斩断了把人们束缚于天然尊长的形形色色的封建羁绊，它使人和人之间除了赤裸裸的利害关系，除了冷酷无情的'现金交易'，就再也没有任何别的联系了"③。在《资本论》中，马克思通过大量的事实揭露了资本主义社会的不合理、不公正，阐述了剩余价值的秘密，揭示了资本家的财富源自对工人劳动时间的偷盗，是对他人财富的侵占和掠夺，进而揭露了资本主义的非道德性。他在《共产党宣言》中指出："代替那存在着阶级和阶级对立的资产阶级旧社会的，将是这样一个联合体，在那里，每个人的自由发展是一切人的自由发展的条件。"④

马克思通过对资本主义社会的批判，得出在资本主义社会中流行的公正合理的道德标准是相对的，是只适用于资本主义制度的，他希望建立一种更为和谐的社会关系，让每个人都能最大限度地发挥自身的力量。正如恩格斯所说："在共产主义社会里，人和人的利益并不是彼此对立的，而是一致的，因而竞争就消失了。……在共产主义社会里无论

---

① 马克思恩格斯选集：第1卷[M]. 北京：人民出版社，2012：405.
② 马克思恩格斯选集：第1卷[M]. 北京：人民出版社，2012：403.
③ 马克思恩格斯选集：第1卷[M]. 北京：人民出版社，2012：403.
④ 马克思恩格斯选集：第1卷[M]. 北京：人民出版社，2012：422.

生产和消费都很容易估计。既然知道每一个人平均需要多少物品，那就容易算出一定数量的人需要多少物品；既然那时生产已经不掌握在个别私人企业主的手里，而是掌握在公社及其管理机构的手里，那也就不难按照需求来调节生产了。"①共同利益的一致，恶性竞争的消失，生活的极大改善，社会的和谐，所有这些条件使得共产主义道德代替法律等暴力型、强制性手段成为社会的主要调节力量，并且为广大人民群众自觉践行和普遍尊崇。

　　共产主义道德是人类道德历史进步的合乎规律的产物和结果，它在同一切剥削阶级道德彻底决裂的同时，批判地继承了人类历史上一切优秀的道德成果以及人类千百年来形成的基本道德准则，并结合社会实际予以创造性地发展。广义的共产主义道德是涵盖无产阶级道德、社会主义道德和未来共产主义社会全人类的道德在内的科学体系。在无产阶级夺取政权之前，它主要表现为无产阶级道德，服从并服务于无产阶级反对资产阶级的阶级斗争，是"为摧毁剥削者的旧社会、把全体劳动者团结到创立共产主义者新社会的无产阶级周围服务的"②。在无产阶级夺取政权以后，它主要表现为社会主义道德。社会主义社会是共产主义社会的初级阶段，社会主义道德具有阶级性，要求以集体主义为基本内容，正确处理国家、集体、个人三者的利益关系。我国正处于并将长期处于社会主义初级阶段，这是目前我国最大的国情。在社会主义初级阶段的道德建设中，倡导共产主义道德就是要积极践行社会主义道德，努力引导不同觉悟程度的人们一起提升道德境界，形成凝聚亿万人民的强大精神力量。社会主义道德和共产主义道德高度重视人的发展与完善、关注人际关系的协调与和谐，并始终以促进和保障人的自由全面发展为目的和条件，因而是同人自身发展与完善密切相关的先进而崇高的道德类型。

---

①马克思恩格斯全集：第2卷[M]. 北京：人民出版社，1957：605.
②列宁专题文集：论无产阶级政党[M]. 北京：人民出版社，2009：287.

第二节　中华优秀传统文化中关于道德教育的思想

我国上下五千年传统文化源远流长，值得传承与发展的道德思想都蕴含在优秀的传统文化之中。高校的思想政治教育工作者应继承和发扬中华优秀传统文化中关于道德教育的思想，从而为网络空间中大学生道德教育提供理论支撑。

一、仁者安仁

孔子认为道德在社会生活中是最重要的，它高于经济、政治、法律、教育、知识才能、艺术、宗教等一切活动，主张用道德统率其他活动。"子贡问政。子曰：'足食，足兵，民信之矣。'子贡曰：'必不得已而去，于斯三者何先？'曰：'去兵。'子贡曰：'必不得已而去，于斯二者何先？'曰：'去食。自古皆有死，民无信不立。'"（《论语·颜渊》）"信"指代对政府的信任，属于道德生活。"食"指粮食生产，属于经济生活。"兵"指代兵器、军队，属于军事。孔子认为这三者之中，道德高于一切。国家政治生活中可以没有军事力量和生活资料，但绝对不能没有道德。孔子提出的很多德目，都是以仁和礼为核心范畴的，其确立了以仁礼为核心的道德规范体系。孔子将仁视为人的一种道德情感，是人所有的道德的全称或代称。如"仁人"指的就是有德之人。"樊迟问仁。子曰：'爱人。'"（《论语·颜渊》）。这里的仁指爱人的思想意识和感情。"己所不欲，勿施于人。"（《论语·颜渊》）孔子认为，爱人应做到推己及人，将心比心，积极利人。在孔子的思想体系中，仁是核心，礼从属于仁。仁是内容，礼是形式。"人而不仁，如何礼？人而不仁，如乐何？"（《论语·八佾》）真正的礼是要有爱人和尊重人的真实感情，不仁之人虽具礼乐之文，亦不得谓之知礼。另一方面，仁也要以礼为制约，爱人不应无原则的泛爱，而是要以礼为标准，按礼的规定去爱人。"为仁者，必有以胜私欲而复于礼，则事皆天理，而本心之德复全于我矣。"（《论语集注·颜渊》）礼是仁爱精神规范化的外在变现形式，只有人人尊礼守分，才能使仁德长久保持。礼与仁的统一，一方面，使得礼的外在规范、制度变成了德性并具有自觉性；另一方面，使爱人之仁变成了在理性指导规约下的等差之爱。在个体生活和人生理想上，孔子强调并重视道德的独立价值，提出"仁者安仁"的思想，旨在希望人们不应受到贫贱富贵的影响，毫无原则地追求与切身利益有关的行动，在任何条件下都能安于仁德。这对我国长期以来所坚持的德教为先、修身为本的传统产生了重要的影响，至今仍能看到其思想的光辉和现实价值。

孔子十分重视道德修养，认为有道德的人应具备两方面条件：一是守道，二是修德。"志于道，据于德，依于仁，游于艺。"（《论语·述而》）孔子提出"性相近也，习相远也"（《论语·阳货》）的人性论思想，人的本性大概都相差不多，人的差别取决于后天的环境与自身的修养。孔子还十分强调道德修养的自觉性和主动性，"君子求诸己，小人求诸人"（《论语·卫灵公》）。他强调克己修身，反躬内省。他认为修养的最终目的是达到修己以安人、修己以安百姓的目的。这种思想被后儒发展为"修身、齐家、治国、平天下"的内圣外王理论。孔子认为提升道德修养的方法应是好学，"学而时习之，不亦说乎？"（《论语·学而》）"学而不及，犹恐失之"（《论语·泰伯》），故应"学而不厌"，甚至"发愤忘食"。"学而不思则罔，思而不学则殆。"（《论语·为政》）要善于思考、反省，通过思考来检验自己的言行是否符合道德，但学而能行才是衡量一个人道德品质是否高尚的准则。孔子认为，学、思、省三者是培养与提高仁德的重要环节，缺一不可。人的道德品格的养成，不仅要靠自身需要，还要靠道德教育。他主张以"成人"为道德教育的目标，教育内容是"文行忠信"，教人以诗书礼乐之文，道德践行之法，而明仁义忠信之道。在道德教育中，注重教育者的以身作则，"其身正，不令而行"。对受教育者，要诲人不倦，因材施教，这种重视道德修养的自觉意识和主体精神，对中国人的精神生活和人格养成产生了深远的影响。

二、尊道贵德

老子是先秦时代道家学派的创立者，他在总结前人思想以及对自然、社会进行深入观察思考的基础上，概括出"道"这一最高哲学范畴，并阐发了他的哲学思想、伦理学思想和政治主张。老子认为，"道"是天地万物的根源和基础。"人法地，地法天，天法道，道法自然。"（《道德经·第二十五章》）他强调，人类必须顺应事物的内在规律和发展趋势。老子道法自然的价值观体现在道德生活领域，则是主张顺应人的淳朴本性，珍视人的真性情、真思想，去除伪善和做作，反对人为的强制和操控。

在老子的道德教育思想中，"道"和"德"是两个核心的概念。"道"在《道德经》中有多重含义，道是宇宙的本源，是万物之母，是天道自然运行的规律所在。"尊道"是指道德教育所培养的人应是遵循自然之道、尊重规律的人。"德"与"道"相伴而生，是"道"的外显表现，人类的最高德性应是与生俱来的，是不受外界污染的自然之德。世间万物皆由"道"与"德"组成，那么万物都应在"尊道"的同时做到"贵德"，遵循道法自然的规律。"道生之，德畜之，物形之，势成之。是以万物莫不尊道而贵德。道之尊，德之贵，夫莫之命而常自然。故道生之，德蓄之；长之育之；亭之毒之；养之覆之。生而不有，为而不恃，长而不宰，是谓'玄德'。"（《道德经·第五十一章》）道是宇宙的本体，为世间万物源源不断地提供能量，使得万物可以生生不息地进行演化；道生长万物，德养育万物，使万物生长发展，成熟结果，使其受到抚养、保护。生长万物而不据为己有，抚育万物而不自恃有功，导引万物而不主宰，这就是奥妙玄远的德。"道德"的尊贵，在于不干涉万物的成长活动，而顺任各物自我化育、自我完成，丝毫不加以外力的限制与干扰①。

老子很重视对人后天的道德教育，他将"慈""俭""不敢为天下先"当做为人处世的三大道德准则。这三大道德准则，激励人们勇往直前，稳步发展。"慈"体现了超越血缘和地域、尊重关爱民众的人道主义精神，表达出一种无偏私、无彼此的普通之爱。慈爱的思想是以道德榜样和良好的社会环境来培育人的"慈爱"之德。老子在《道德经·第四十九章》中指出："善者，吾善之；不善者，吾亦善之，德善。"他强调道德榜样对于人的道德形成具有潜移默化的影响，作为国家的执政者更要成为百姓的榜样，以慈爱治民，才会不断提升百姓的道德水平。他还指出："夫兵者，不祥之器，物或恶之，故有道者不处。"（《道德经·第三十一章》）他认为战争会破坏国计民生，不利于形成良好的社会环境，也会阻碍人们"慈爱"之心的养成。"俭"是指简约不奢，爱惜财务，爱惜精力，减损物欲。人能否持守俭啬之德将直接影响其道德行为，影响个人美德和社会公德。"咎莫大于欲得，祸莫大于不知足。"（《道德经·第四十六章》）被贪欲所支配的人，会不择手段地追求财富和权力，富贵而骄，最终招致祸端。因此，"金玉满堂，莫之能守；富贵而骄，自遗其咎"（《道德经·第九章》）。"不敢为天下先"的目的就是要求执政者不要自以为高明，事事争先，而要尊重下属，广采众长。"不自见，故明；不自是，故彰；不自伐，故有功；不自矜，故长。"（《道德经·第二十二章》）管理者不固执己见才能看得明白，不自以为是才能明断是非，不自我炫耀才能建功立业，不自以为高明才能有所长进，长保安康。"不敢为天下先"还蕴含着守柔不争的意思。这种"不争之德"是调节人与人、人与社会关系的重要原则。"善者吾善之，不善者吾亦善之，

---

①陈鼓应. 老子注译及评介（修订增补本）[M]. 北京：中华书局，2014：257-258.

德善。"(《道德经·第四十九章》)这里指宽容仁慈的胸怀能够化解人与人之间的恩怨，感化不善者使其放弃错误的言行，树立良好的道德风尚。在现实的人的道德生活中，这种"不争"并不是一种自我放弃，而是要力图告诫人们不要居功自傲，不要为眼前之私利而争斗不已，应求同存异，慈和谦让，顺应自然之道，超越自我，走向"善恶万物而不争"的至高境界。老子返璞归真的道德理想追求尊道贵德、真朴无华、表里如一，摒弃道德活动中的智诈虚伪，这对为进一步开展道德教育研究提供了理论基础。

三、扩充四端

"人性本善"是孟子伦理思想的核心观点。孟子论证了伦理秩序和道德规范的起源，说明了道德教化、道德修养和实行王道政治的可能性与合理性。孟子的人性论思想是在与告子的辩论中展开论述的。告子认为，人的道德品质都是后天教化和培养的结果，并非人性的应有之义。对此，孟子提出了不同的意见。他认为，人性首先应该体现为作为人的本质规定的道德属性，具体表现为恻隐、羞恶、辞让、是非之心。"所谓人皆有不忍人之心者，今人乍见孺子将入于井，皆有怵惕恻隐之心，非所以内交于孺子之父母也，非所以要誉于乡党朋友也，非恶其声而然也。由是观之，无恻隐之心，非人也；无羞恶之心，非人也；无辞让之心，非人也；无是非之心，非人也。恻隐之心，仁之端也；羞恶之心，义之端也；辞让之心，礼之端也；是非之心，智之端也。"(《孟子·公孙丑上》)四心构成了仁、义、礼、智四德的心理基础，是道德的本源，也是人为善的前提。这四种情感构成善之"四端"，是个人道德的萌芽，使人随着自身阅历的不断丰富，产生对道德行为的判断与标准，建立自身的道德规范体系。

"仁之实，事亲是也；义之实，从兄是也；智之实，知斯二者弗去是也；礼之实，节文斯二者是也。"（《孟子·离娄上》）"仁"德首先体现为侍奉父母，"义"德则体现为顺从兄长，"智"德体现为对于仁义之德的坚守，而"礼"德则体现为对仁义之德的规范、调节和修饰。"仁，人心也。"（《孟子·告子上》）孟子认为，爱人之仁是人性的本质特征，爱人始于爱亲，并由此扩充为仁民、爱物。"仁者以其所爱及其所不爱。"（《孟子·尽心下》）这种爱的情感体现为对于他人、万物的恻隐之心，即不忍人之心。"人皆有不忍人之心。先王有不忍人之心，斯有不忍人之政矣。以不忍人之心，行不忍人之政，治天下可运之掌上。"（《孟子·公孙丑上》）"仁"由此成为先王治理天下的道德基础，成为为人和王道政治的基本要求。"仁，人心也。义，人路也。"（《孟子·告子上》）孟子还将"义"与"羞恶之心"联系起来，认为"人皆有所不为，达之于其所为，义也"（《孟子·尽心下》）。每个人若都有羞耻心，就能意识到哪些事情该做，哪些事情不该做。由此，"义"被引申为人的道德行为准则，是衡量人的行为正当与否的标准。"智"是对自身善性的认知，人只有形成坚定的道德信念，才能对现实生活的中的事物作出是非、善恶的判断。"智"是人的道德自觉，是认识到仁义道德的必要性，并能够通过仁义道德来指导自身的道德实践的德性。"礼"是在现实生活中对于仁义的恰当表达，其精神实质就是"敬"，"有礼者敬人"（《孟子·离娄下》）。"夫义，路也；礼，门也。惟君子能由是路，出入是门也。"（《孟子·万章下》）"礼"体现为仁义的制度化，能够促使人内在的仁义施之于外，做到举措得宜。

孟子认为，人的道德出自人的本心，是不断激发与扩充人的仁义礼智之"四端"的过程，而非外物驱使与强制灌输的过程。"四端"作为一种先验的道德禀赋，是人在人性本善的基础上，在后天的教育与生活中习得的，不断地扩充自身仁义礼智之心，增强向善的动力，将人性中的善性和良知最大限度地挖掘并发挥出来。孟子"扩充四端"的理论，丰富了儒家道德教育思想，对后世儒学及道德教育思想带来了深远的影响。

四、化性起伪

荀子与先秦其他思想家一样，将人性论作为自身伦理思想的理论根据。荀子从当时社会阶级的矛盾出发，提出了"性恶论"的主张，强调通过后天人为的道德教化来改造人性，这就是"化性起伪"思想的缘起。"生之所以然者，谓之性"。（《荀子·正名》）在荀子看来，人性是人天生拥有的自然属性，是不学而能、不事而成的。"令人之性，生而有好利焉，顺是，故争夺生而辞让亡焉；生而有嫉恶焉，顺是，故残贼生而忠信亡焉；生而有耳目之欲，有好生色焉，顺是，故淫乱生儿礼义文理亡焉。"（《荀子·性恶》）既然人性大体相同，无非就是人的一些最基本的欲望和好利恶害之心，那么，如果顺从这种自然属性发展，不对它加以节制和矫正的话，人与人之间必然会产生争夺、残害和淫乱的恶行，社会秩序将不复存在。就像弯曲的木头需要经过一系列的工艺才能变直，金属需要经过打磨才能锋利一样，社会治理也必须依靠法度和圣人教化，才能矫治人的自然本性。"从人之性，顺人之情，必出于争夺"，因此得出，"人之性恶明矣"（《荀子·性恶》）。荀子看到了人的好利恶害的自然本能，认为人性虽然是恶的，但可以通过"伪"对其进行后天的改造，使之"化"，这便是所谓"化性起伪"。

"凡性者，天之就也，不可学，不可事。礼义者，圣人之所生也，人之所学而能，所事而成者也。不可学，不可事，而在人者，谓之性；可学而能，可事而成之在人者，谓之伪。是性伪之分也。"（《荀子·性恶》）荀子所说的"性伪之分"有三个层次的意思。一是"性"是恶的，"伪"使之成善。"饥而欲食"是人的本性，但有教养的人即使饥饿，也不会与长者争食，这说明，人的本性是恶的，后天的教化使得人们"反于性而悖于情"，从而表现出对于父母、兄长的尊敬。由此可知，人的道德不是出于"性"，而是成于"伪"。二是"性"是天生的，"伪"是人为的。"性者，本始材朴也；伪者，文理隆盛也。"（《荀子·礼论》）"性"是人的原生态属性，"伪"则是对人性的教育和改造。三是"性"是不可学、不可事的，"伪"是可学而能、可事而成的。人可以通过后天的学习、修养、圣人的教化和环境的影响，对先天的本性进行人为的加工。"性伪合，然后圣人之名一，天下之功于是就也。"（《荀子·礼论》）

在荀子看来，无论是圣人，还是普通人，他们的本性都是追求欲望，这是人的天性所致。但如若放纵人的欲望而不加以限制和管理，人的欲望必然会不断膨胀，与社会利益之间产生矛盾，这种矛盾容易导致社会秩序的混乱，破坏社会原有的道德伦理规范，导致争夺、暴动等事件的发生。荀子从人的物质欲望和生理欲望出发，证明了人性本恶的事实，却又不断强调后天道德教育的重要性。既然人性天生是恶的，那么改变人的本性就需要通过教育，帮助人们向善。"凡所贵尧、禹、君子者，能化性，能起伪。伪起而生礼仪，然则圣人之于礼仪积伪也，亦犹陶埏而为之也。"（《荀子·性恶》）从人性上来说，尧、禹、君子与一般人并无差异，他们在道德上之所以能够高于一般人，是因为他们能够通过后天的努力，养成良好的道德品质。如果人人都能够通过后天的教育来习得良好的道德品质，那么人人都可能成为圣人。荀子"化性起伪"的观点，论证了后天努力、圣人教化和环境影响，对构建一个人的道德品质具有重要作用。同时，荀子认为人性可"化"，乃至"涂之人可以为禹"，又与孟子的性善论殊途同归。

第三节　西方哲学思想中关于道德教育的思想

西方哲学思想中的道德观追求至善，注重人伦，强调个体道德发展过程是理性运用的过程，认为社会智慧、社会行动能力和社会情感是个体道德密不可分的重要组成部分，这对大学生网络空间道德教育理论的创新，道德教育实践的变革有着重要的启示。

一、道德选择理论

亚里士多德指出："每一种东西所特有的，对于那种东西就自然是最好的和最愉快的；因此，对于人，符合于理性的生活就是最好和最愉快的，因为理性比任何其他的东西更加是人。"[①]在他看来，理性是人所特有的，人因为理性而具有道德行为能力。亚里士多德认为道德选择的原则就是中道，也就是说不管是个人还是城邦，在追求善的过程中都要合乎理性，不能过度也不能不及，只有发挥人的本质属性或功能——理性，才能作出正确的道德选择。亚里士多德说："过度与不及，均足以败坏德行。试以我们可见的事情来说明我们所不可见的道德。例如关于体力和健康的情形：运动太多和太少，同样的损伤体力，饮食过多与过少，同样的损伤健康；唯有适度可以产生、增进、保持体力和健康。"[②]亚里士多德将德性中的节制与勇敢进行对比分析，认为一个遇事不会应对、畏首畏尾的人，将成为懦夫；一个勇于直面一切困难的人，可能成为莽汉；一个不懂得节制、纵情享乐的人，会成为放荡的人；一个逃避一切快乐的人，会成为麻木不仁的人。过度与不及对于节制和勇敢而言，都是不适用的，唯有适度才能够真正地体现节制与勇敢。由此，亚里士多德得出，人的最好的生活方式将是中庸之道，在适度的前提下进行道德选择。早在亚里士多德之前，中庸或中道思想就存在于古希腊文明之中。著名的特尔斐神庙的石碑上就刻有"万事切忌极端"；德漠克利特也曾指出，"从一个极端到另

---

①北京大学哲学系. 古希腊罗马哲学[M]. 北京：商务印书馆，1982：328.
②周辅成. 西方伦理学名著选辑：上卷[M]. 北京：商务印书馆，1987：293-294.

一个极端的动摇不定的灵魂，是既不稳定又不愉快的"①。

亚里士多德继承并发展了古希腊传统的中庸思想，他认为，人们在进行道德选择时，"必须处理情感和行为，而情感和行为有过度与不及的可能，而过度与不及皆不对；只有在适当的时间和机会，对于适当的人和对象，持适当的态度去处理，才是中道，亦即最好的中道"②。道德情感和行为必须恰到好处，不能走过度和不及的极端，而这种恰到好处要因时制宜、因地制宜，不能不区分对象地用同样的态度处理。在亚里士多德看来，情感与行为的适中才是善的表现，过度与不及则为恶。这里要注意的是，亚里士多德的中道观与摇摆不定、"不偏不倚"的折中主义完全不同，他是从量变引起质变，善恶相互转化的角度来探讨的。

亚里士多德的道德选择理论无疑是睿智而深刻的，这不仅是伦理思想史上的一个巨大贡献，对于今天仍有着非常深远的积极作用。亚里士多德所强调的理性和中道可以帮助人们在物欲横流的世界中保持适度与和谐，提高对道德的认识，从而实现幸福；帮助人们在生活实践中完善自我，排解日益加深的焦虑和痛苦，从而树立坚定的道德信念，培养良好的道德情感，这对于满足现代社会中人的道德需求具有重要意义。

二、道德教育社会化理论

涂尔干是一位以教育作为主旨和归结的社会学家，他把社会学研究引入道德教育领域，并对19世纪后半叶法国经济、政治、文化状况所引起的道德真空现象进行分析，揭示了道德的三个基本要素，即纪律精神、对社会群体的依恋和自主精神。随着法国资产阶级革命成果的不断扩大，工业社会发展所带来的科技进步极大程度地影响着法国社会的发展与变迁。这一时期，人们更加崇尚理性，民主和民权观念在社会中广泛流行，传统

---

①罗国杰，宋希仁. 西方伦理思想史：上卷[M]. 北京：中国人民大学出版社，1985：194.
②周辅成. 西方伦理学名著选辑：上卷[M]. 北京：商务印书馆，1987：297.

的宗教道德价值观念受到严重的冲击，加之道德失范现象的增加和旧道德的衰败，促使涂尔干想通过道德教育来挽救法国社会的道德危机。他认为，道德教育虽然是从宗教中派生出来的，但道德教育应是一种理性的教育。"现实中，任何事物都没有理由被认为从根本上超出了人类理性的范围。"①由此得出，理性主义的道德教育是完全可行的。但要将这种理性的道德教育从宗教的道德中剥离出去，就必须从宗教概念的核心出发，"发现那些长期承载着最根本的道德观念的宗教观念的理性代替物"②。

涂尔干对纪律尤为重视，将纪律精神视为道德的首要要素。"纪律的存在理由是从其自身中获得的；人受纪律的约束，而不以他发现自己受到约束的行为为转移，这就是善。"③在道德教育中，纪律精神具有常规性和权威性的特点。涂尔干将道德教育视为在具体现象中的道德实践，认为所有的道德行为都已预设了与其相对应的价值规范，规范着人们在特定道德情境中的行为。"纪律意味着在确定的条件下重复的行为。不过，倘若没有权威，没有一种能够起到规范作用的权威，纪律就不会出现。"④纪律虽然对人的道德行为具有约束性，但不应把这种约束当成一种非执行不可的束缚，而应当成我们对正常生活的需要。"通过纪律这种手段，我们可以学会对欲望进行控制，没有这种控制，人类就不可能获得幸福。"⑤纪律精神能够避免个人私欲的不断膨胀，减少不良道德行为对人们的影响。

涂尔干认为道德的第二个要素是对社会群体的依恋。他将人类行为分为两类：一类是具有个人目的的行为，与自身利益息息相关；一类是非个人目的的行为，是纯粹利他的行为。实现个人目的的行为在道德上是中

---

①[法]爱弥尔·涂尔干.道德教育[M].陈光金，等，译.上海：上海人民出版社，2001：7.
②[法]爱弥尔·涂尔干.道德教育[M].陈光金，等，译.上海：上海人民出版社，2001：10.
③[法]爱弥尔·涂尔干.道德教育[M].陈光金，等，译.上海：上海人民出版社，2001：27.
④[法]爱弥尔·涂尔干.道德教育[M].陈光金，等，译.上海：上海人民出版社，2001：33.
⑤[法]爱弥尔·涂尔干.道德教育[M].陈光金，等，译.上海：上海人民出版社，2001：39.

立的，不具有道德价值；只有当个人为了实现利他目的而产生行动，才算做合乎道德的行为。他认为，社会是个人的联合，但却不是个人的简单叠加，"个人必须投入社会之中，否则他无法成为真正的自己，无法真正地认识他自己"①。社会确定了道德纪律的各种限度，约束人们的行为。他认为道德教育的目的是"社会道德个体化"和"个体品德社会化"。只有从社会出发的行为，才具有道德价值。

自主精神是道德的第三个要素。道德的前两个要素属于社会性的要素，缺乏一定的主观能动性。要想使人们的行为合乎道德，就一定要引入"自主"因素，这种自律应从不断完善人们对事物的认知开展，由此得出，必须创建一门关于道德教育的科学，来帮助人们清晰、完整地认识到"自主"的理由。在学校道德教育中，他提倡直接教学，"既不是布道，也不是灌输，而是理解"②。人们的道德行为并不是被动地服从道德规范，人们只有了解掌握道德律令的原因和功能，才能在毫无约束感的前提下服从规范，这种道德的自觉意识才能赋予人们自主地进行道德行为。

三、经验主义道德教育理论

约翰·杜威是美国著名的哲学家、社会学家和教育学家，他的道德教育思想是针对传统德育教育缺失的现象而提出来的，不仅在美国产生重大影响，而且在20世纪中叶以前的中国教育界、思想界也影响颇深。在《教育中的道德原理》中，杜威指出："我们关于道德教育的概念是太狭隘、太注重形式、太病态了。"③因此，他在批判传统道德教育的基础上，构建发展了实用主义的道德教育观点和思路，并在民主理念框架下探讨了教

---

①[法]爱弥尔·涂尔干.道德教育[M].陈光金，等，译.上海：上海人民出版社，2001：52.
②[法]爱弥尔·涂尔干.道德教育[M].陈光金，等，译.上海：上海人民出版社，2001：89.
③[美]约翰·杜威.学校与社会明日之学校[M].赵祥麟，等，译.北京：人民教育出版社，1994：158.

育的社会目的和道德目的。儿童生活、学校和社会是杜威教育理念的三个要素，儿童和成人社会分别是教育的起点与目的，在儿童与成人社会之间起桥梁作用的是学校，儿童通过进入学校学习，成为在成人社会中发挥作用的一分子。

杜威认为，道德就是教育，道德是教育最后的目的。他把教育看成生活，看成是经验对儿童更好地适应现实生活的改造。他认为，道德教育的最终目的是形成人格，使人在道德意义上是受过教育的人。学校道德教育必须对学生进行人格培养，形成符合社会发展要求的品德，以适应社会生活，还应强调学校教育的道德性与社会性的统一，教育即生活，学校即社会。杜威深刻地剖析了传统道德教育的实质，认为学校的道德教育就在于培养学生形成那些符合道德规范和准则的行为习惯。一是在道德上受过教育的人应形成一定的行为习惯并在日常生活中展现，这种习惯方式是各种态度的养成，其中，情感的和理智的态度尤为重要。二是在道德上受过教育的人最终会拥有完整的"自我"。这里指的是在美国工业社会中运用科学的方法和理智实现道德生活的自由的人。杜威认为，人的心理活动是一个连续的整体，"人性"并不是在与现实世界隔绝的状态下发展的，而是通过个人直接参与社会生活，在不断适应生活环境、不断适应社会道德准则中形成的。三是在道德上受过教育的人是一定社会和团体的一部分。个体在社会中生活，社会又由无数个个体组成，并通过个体而存在。学校作为对生活在社会中的个体的教育者，就必须完全成为社会的一部分，并确保每个学生都参与到学校的社会生活中去，在那里培养他们适应环境和社会的行为准则。杜威认为道德教育的目的是培养学生适应社会的能力，他认为，受教育的个体是社会的个体，而社会是由许许多多这样的个体组成的，如果从儿童身上舍弃社会的因素，我们将得到一个抽象的东西；如果从社会中舍弃个体的因素，则社会将变成一个死板的、没有生命力的集体。

杜威认为，德行是"一个人能够通过在人生一切职务中和别人的交往，使自己充分地、适当地成为他所能形成的人"①。他认为最根本的道德动机和最强大的道德力量就是"社会性的智慧——观察与理解社会状况的能力——和社会能力——经过训练的控制能力——为社会的利益和目标服务的工作"②。

四、道德认知发展阶段理论

美国道德心理学家劳伦斯·科尔伯格在其道德心理发展理论的支撑下，提出了道德认知发展模式，并得到心理学界的普遍认可。在整个研究过程中，他始终坚持将心理学理论与哲学观点联系起来，并遵循"心理学理论—教育实践—哲学反思"的逻辑顺序，建立了一整套具有独特见解的道德教育理论体系。

科尔伯格认为道德是一个独特的自成一体的领域，是根据道德判断、方法、观点的一般特性形成的社会意识形态。早期的科尔伯格反复批评以灌输某种具体道德行为的说教，认为道德并非一些具体准则的行为综合体，而是以原则为基础的道德推理。在此基础上，科尔伯格形成了"三水平六阶段"的理论，具体阐述了人运用道德判断能力展开的对于公正和人的权利的社会道德观的追求。一是前习俗水平。在这一水平上的儿童已具备了关于是非、善恶的社会准则和道德要求，并根据行动结果与自身的利害关系来判断是否符合道德标准。这一水平存在两个阶段，即惩罚与服从的定向阶段和工具性的相对主义的定向阶段。在第一个阶段里，儿童认为凡是权威人物的选择都是好的，遭到他们批评的都是坏的。而产生这种道

---

①[美]约翰·杜威. 民主主义与教育[M]. 王承绪，译. 北京：人民教育出版社，1990：375.

②[美]约翰·杜威. 学校与社会明日之学校[M]. 赵祥麟，等，译. 北京：人民教育出版社，1994：158.

德判断的理由则是其是否受到惩罚或服从权力。他们会为了避免受到惩罚而无条件地服从权威的决定，不去考虑其背后的道德准则。在第二个阶段里，儿童首先考虑是否符合自己或他人的需要，并开始初步考虑到人与人的关系，但始终以是否对自己有利作为衡量标准，好坏以自身的利益为准。二是习俗水平。这一水平上的儿童开始有了满足社会的愿望，较为关心他人的需要。这一水平的两个阶段是人际关系的定向阶段（又称好孩子定向阶段）和维护权威或秩序的道德定向阶段。在第一个阶段里，儿童认为人的行为正确与否，主要以他人喜好为原则，以是否对他人有帮助或受到别人称赞为判断标准。在第二个阶段里，儿童开始意识到普遍的社会秩序，强调服从法律的重要性，他们遵守不变的法则和尊重权威，并要求别人也同样遵守。三是后习俗水平。这一水平上的人们更倾向于以适合自身道德价值和原则为依据，履行自己选择的道德准则，而不去理会权威人士的道德选择。这一水平的两个阶段是社会契约的定向阶段和普遍的道德原则的定向阶段。在第一个阶段里，人们对法律的态度更加灵活，能从法律和道德的角度去看待各种行为，一改以往死板的、必须坚持法律规范的想法，认为法律、社会习俗是一种社会契约，是可以改变的。在第二个阶段里，个人拥有了抽象的、超越刻板印象的对法律条文较为确定的概念，在对道德的判断上，既会考虑法律层面的道德准则，又会考虑到未成文但具有普遍意义的道德准则，而对于道德的判断能力，更多是从道德的本质出发，超出了规则的界限。

第三章

网络空间中大学生的道德现状分析

随着网络技术、信息技术、现代通信技术和智能科技的不断发展，促使网络空间成为"人类生活新空间"。网络空间的虚拟性、开放性、交互性、实时性和便捷性使得社会主义道德规范受到了一定的冲击和影响，弱化了网络空间道德的约束功能。因此，部分大学生在网络空间中的道德失范现象就成为一种必然。大学生作为网络空间中的重要群体，他们的思想道德状况直接影响整个网络空间的道德水平。分析大学生在网络空间中的道德现状，分析其道德失范现象背后的深层次原因，有助于高校思想政治教育工作者更有针对性地开展网络空间道德教育活动。

第一节　绝大多数大学生具有良好的道德品质

绝大多数大学生在网络空间中具有良好的道德品质，具体体现在具有深厚的爱国主义情怀、遵守网络道德规范、大力弘扬集体主义价值观、积极投身网络公益事业等方面。

一、具有深厚的爱国主义情怀

爱国主义是人类最淳朴的情感，表达了一个人对自己的国家深沉的热爱之情、自豪之感和自信之心。爱国主义是中华民族传统美德，也是社会主义核心价值观的重要内容，是激励中华儿女投身中华民族伟大复兴的力量源泉。习近平总书记指出，"爱国主义是中国社会进步和文化发展的主旋律，是激励中华民族不断开拓进取、奋勇前进的思想动力和精神支柱"①，"在社会主义核心价值观中，最深层、最根本、最永恒的是爱国主义"②。爱国主义不仅是一种深厚的情感，更是基于一种理性认知基础上的现实行动。在新时代，爱国主义与爱党和爱社会主义是统一的。正是在表达爱国主义情感的过程中，大学生更加坚定了跟党走，坚定不移走中国特色社会主义道路的决心和信心。

第一，大学生表达爱国主义情感的多样化。在网络空间中，多元思潮的冲击使得大学生对爱国的认知产生了新的理解和感悟，衍生出了新的样态。大学生在网络空间中通过与多元主体之间的社交互动，促使爱国主义在虚拟与现实中交错重叠，并通过文字、数字、图片、表情包、影像、视频等方式来传递爱国的情感、思想和行为。调查显示，有55.12%的同学上网的主要目的是浏览新闻，这其中59.12%的同学关注时事政治，45.14%的同学关注科技内容，37.13%的同学关注教育内容，34.80%的同学经常转发或点赞爱国主义内容的博文。大学生在面对国家发展取得的重大成就时，会在网络空间中进行点赞转发式的爱国主义情感表达。

第二，大学生爱国主义主题更加突出。改革开放40多年来，我国在经济、科技、社会和生态文明建设等方面取得了非凡的成绩。大学生们通过对"一带一路"建设，"天宫""蛟龙""天眼""悟空""墨子号""大飞机"等重大科技成果的关注与了解，提升了对中国特色社会主义的道路自信、理论自信、制度自信和文化自信。大学生在欢庆中华人民共和国70华诞时，纷纷留言："我们这个国家走到今天，真的，太不容易了。""祖国万岁！感谢您的强大，让我们能不卑不亢地作为一个大写的人自由生活。"国庆前后，"青春告白祖国"活动在高校广泛开展，全国2900多所高校、3800万名大学生，怀揣着爱国之情、报国之志，向祖国发

① 习近平谈治国理政：第1卷[M]. 北京：外文出版社，2014：58.
② 在文艺工作座谈会上的讲话[N]. 人民日报，2015-10-15（02）.

出最深情的告白①。在庆祝中国共产党成立100周年大会上，青年学生喊出了"请党放心、强国有我"的时代强音。在这些实际行动中，在越来越清晰的爱国主义主题下，大学生正在身体力行地贡献着自己的爱国力量。

第三，大学生表达爱国主义情感更加理性和克制。大学生在面对钓鱼岛事件、南海争端等一系列企图破坏我国领土主权完整的事件及两岸关系时，表现出了高度凝聚的爱国情感。在网络空间中，大学生面对国家利益受到外部侵害时，表现出了理性又克制的爱国情怀。由《人民日报》推出的"中国一点都不能少"的超话，已累计98.4亿次的阅读量，并伴有1345万次讨论，超过百万的大学生在微博上转发"中国一点都不能少"的文字和图片，昭示着中国领土神圣不可侵犯，一时间各大社交软件呈现一片"红色的海洋"。2023年7月24日，习近平总书记回信勉励香港培侨中学学生，信中指出"爱国主义是中华民族精神的核心"，极大程度上点燃了大学生的爱国热情。由共青团中央微博公众号发起的"爱国主义是中华民族精神的核心"话题，截至到9月，阅读量超过829.3万次，大学生通过网络空间抒发着对祖国的热爱，在网络空间中用行动践行着理性爱国。大学生在网络空间中积极关注"共青团中央""紫光阁""中国大学生在线""中国青年志愿者""人民网"等官微，积极汲取网络空间中的正能量，提高自觉抵御历史虚无主义、民粹主义等错误思想的影响，减少负面舆论对大学生的影响，进而形成网络爱国主义思想。

习近平总书记在全国教育大会上指出："要在厚植爱国主义情怀上下功夫，让爱国主义精神在学生心中牢牢扎根，教育引导学生热爱和拥护中国共产党，立志听党话、跟党走，立志扎根人民、奉献国家。"②每个时代都具有与这个时代主题相一致的爱国主义精神的内容与表达方式。在

---

①汇聚起同心共筑的中国梦磅礴力量[N].人民日报，2019-10-7（01）.
②张烁.坚持中国特色社会主义教育发展道路 培养德智体美劳全面发展的社会主义建设者和接班人[N].人民日报，2018-09-11.

网络空间中，大学生通过对爱国主义主题的关注，形成了互动关系，并以几何级数据扩散形成强大的影响力。大学生展现了网络青年理性的爱国情怀、文明的形式和求真的精神，在网络舆论的空间中既表达爱国情感，也遵守网络法律规定。大学生在网络空间中充分展示了深厚的爱国情怀，也表达了献身国家建设的远大志向。这就为大学生在未来的工作中投身到自觉融入坚持和发展中国特色社会主义事业，建设社会主义现代化强国，实现中华民族伟大复兴的历史进程之中奠定了坚实的基础。

二、遵守网络道德规范

道德规范是道德原则的体现和具体化，是一定社会认可并确立的用以调整社会道德关系的行为准则，也是判断、评价人们行为善恶的基本价值标准。网络道德规范承载着人们在网络空间中对善恶的评判，并指导着人们的网络道德行为。在网络空间中，网络行为主体总是生活在特定的人际关系之中，"每个个体的自我都是在情境中被树立起来的或被建构的；而且，这是在社会制约下的自我建构"①。因此，在网络空间中，只有具备必要的道德修养，才能被他人所认可和接纳，并能够实现在现实与网络空间中角色的自由转换，从而成为具有"人之为人"的道德的人。

第一，大学生具有明确的道德认知。大学生作为网络空间的重要群体，在现实社会中接受长期且良好的道德教育，能够做到热爱祖国，遵纪守法，恪守网络空间中的道德行为底线。他们在面对道德和法律层面的义务时，明确自身的道德权利、道德责任和道德义务，遵守和服从约束性的道德法律规范。"任何自由都容易为肆无忌惮的个人和群众滥用，因此，为了社会福利，自由就必须受到某种限制，而这就是自由社会的经验。如

---

① [美]兰德尔·柯林斯.互动仪式链[M]. 林聚任，等，译.北京：商务印书馆，2009：48.

果对自由不加限制，那么任何人都会成为滥用自由的潜在受害者。"①调查显示，56%的大学生表示比较了解网络道德规范的具体内容，60.06%的大学生从没在网络空间中使用过激或粗俗的言论，45.44%的大学生在面对网络不实言论时，能够做到理性分辨、适当反驳。虽然有39.89%的大学生认为网络给大家提供了一个发泄的渠道，但只有27.3%的大学生在网络空间中发泄过自己的情绪。在大学生网络道德现状及影响因素的调查中，94.32%的大学生认为应该遵守网络道德，3.06%的大学生认为看情况遵守，2.62%的大学生认为网络是个开放的空间，不需要遵守②。

第二，大学生能够遵守相关的法律规定。《宪法》和《网络安全法》等网络法规的相关内容，规范着大学生的网络道德行为底线，使其在网络空间中不做危害国家安全与网络安全的行为，不宣扬恐怖主义、种族歧视、暴力以及色情的信息，不编造和传播虚假信息扰乱网络空间秩序，不侵犯他人的隐私及实施违法犯罪行为。绝大多数大学生在网络空间中尊重知识产权、尊重他人隐私、践行网络礼仪，能够实现对网络资源的合理运用。在微博中，由共青团中央发起的"清朗网络·我来护苗"主题青年网络文明志愿者大行动，实现了97.4万次的阅读量，带动了全国各大高校，争先发布网络文明志愿者的相关活动。大学生已不再是置身事外的旁观者，而是勇于担当的网络文明行为的主力军，做到依法上网、理性上网，自觉抵制负面网络信息，唱响青年好声音，营造清朗的网络空间环境。

三、大力弘扬集体主义价值观

集体主义是一种调节社会利益和个人利益关系的规范。新中国成立

---

①[美]博登海默. 法理学、法律哲学与法律方法[M]. 邓正来，译. 北京：中国政法大学出版社，1999：281.

②高仲娥，程秀霞. 当代大学生网络道德发展现状及影响因素分析：基于五所高校的问卷分析[J]. 重庆邮电大学学报（社会科学版），2019（4）：74.

以来，我们就把集体主义作为社会主义社会的道德规范，指导和处理社会利益和个人利益的关系。集体主义价值观的确立是与我国社会主义国家的属性相一致的。集体主义不仅是一种社会道德要求，也是一种个人的美德。大学生在网络空间中虽然受到极端利己主义和个人利益至上等错误思想的影响，但总体上能够从集体利益出发，实现集体利益和个人利益的共同满足。

第一，大学生能够正确处理集体利益和个人利益的关系。在网络空间中，大学生更应该意识到个人与集体之间的关系，"只有把自己的小我融入祖国的大我、人民的大我之中，与时代同步伐、与人民共命运，才能更好实现人生价值、升华人生境界"①。2018年，高校学生思想政治滚动调查显示，94.2%的大学生赞同"幸福是奋斗出来的"，92.6%的大学生赞同"在个人利益与国家利益、集体利益发生冲突时，首先考虑国家利益和集体利益"，94.4%的大学生赞同"大学生应该成为社会主义核心价值观的坚定信仰者、积极传播者、模范践行者"②。绝大多数大学在网络空间中能够通过网络道德实践活动，弘扬真善美，传递正能量，发扬无私奉献、公私兼顾的集体主义精神，努力使网络文明公约成为自身道德行为的指导思想，在网络空间中自觉践行良好的道德行为。大学生正是因为能够正确看待集体利益和个人利益的紧密相关性，所以其既能够在维护自身利益的同时实现集体利益，也能够在推动实现集体利益的社会环境下实现个人利益。

第二，大学生在重大事件和重大挑战面前展现了奉献精神。大学生在面对国家的重大灾难和疫情时，表现出无比坚定的集体主义意识。调查显示，64.77%的大学生非常关注新冠疫情。在抗击新冠的行动中，82.21%的大学生每天关注疫情新闻；63.48%的大学生搜索消毒、预防、自救等知

①在纪念五四运动100周年大会上的讲话[N]. 人民日报，2019-05-01（02）.
②赵婉娜，张烁，丁雅诵.让党的旗帜在高校高高飘扬[N]. 人民日报，2019-01-15（06）.

识；86.27%的大学生自觉减少外出，并劝阻身边的人减少外出，提高防御意识。47.32%的大学生在网络空间中用自己的方式为抗击疫情的一线人员加油打气。21.86%的大学生为灾区捐款或物资。11.2%的大学生主动承担疫情防控的志愿服务工作。在微博中，由"中国大学生在线"发起的"师生健康中国健康"的超级话题讨论中，已累计3317.2万次的阅读量。全国各地师生通过原创歌曲、视频、绘画等方式表达着对一线医护人员的致敬。南开大学的学生在网络中开展"关爱一线医护人员子女"的活动，义务为其提供工艺家教、课业辅导和读书交流等服务，彰显着大学生志愿者的风采。武汉科技大学研究生付文杰卖房卖车为武汉一线医护人员捐款达到300多万元。这样的行动，无不彰显着大学生的集体主义意识和奉献精神。在微博中，"中国好网民""网络文明""网络诚信大家谈"等话题中，大学生的参与度非常高，他们在践行网络道德行为的同时，还将道德模范的事迹在网络空间中进行传播与倡导，能够在发扬集体主义道德实践中加深自身对网络道德的理解，并将网络道德行为准则内化为自身的行动。

四、积极投身网络公益事业

志愿服务所展现出的利他性精神，是促进社会文明进步和人的全面发展的重要标志。大学生在志愿服务中帮助他人，同时提高自身综合素质，使志愿服务成为自身的一种生活方式和生活态度。大学生作为志愿服务的重要群体，在教育助学、疾病救助、扶贫赈灾、帮残助老、应急救援、环境保护、大型赛事、社区服务、卫生医疗等各种志愿活动中，展现着新时代青年的精神面貌。截至2021年底，我国社会组织总量为90.09万个，全国志愿服务组织（队伍）总数为123万家，实名注册志愿者总数为2.22亿人①。习近平总书记在致中国志愿服务联合会第二届会员代表大会的贺信

①陈凤莉.书写新时代青年志愿者行动新篇章[N].中国青年报，2019-10-09（01）.

中指出："广大志愿者、志愿服务组织、志愿服务工作者立足新时代、展现新作为，弘扬奉献、友爱、互助、进步的志愿精神，继续以实际行动书写新时代的雷锋故事。"①这明确了新时代志愿精神的内涵就是"奉献、有爱、互助、进步"，志愿者新的历史使命就是完成时代赋予的使命，自觉把志愿服务融入民族复兴的历史重任中。

第一，网络空间为大学生投身公益事业提供了新的平台。随着网络技术的发展，大学生参与社会公益事业的热情不断攀升，信息技术革命使得网络公益成为可能，近些年参与网络公益活动已成为大学生社会志愿活动的一种普遍现象。从"腾讯公益"到"轻松筹"，从"随手拍照解救乞讨儿童"到"人人公益节"，从微博到朋友圈，形成以支付宝蚂蚁森林、微信公益捐步、水滴筹、淘宝公益等形式多样的新型公益模式。大学生作为最活跃的网民，其积极参与网络公益活动，通过校园贴吧、学校官微、校园公众号等平台，积极投身网络公益活动的宣传与募捐活动，为社会发展助力。在微博上，由共青团中央发起的"中国青年志愿者服务日"话题，已累计5832万次阅读量，大学生志愿者们通过"轻松志愿""春运暖冬行动""建设文明城，周末公益行"等全国各地的志愿服务活动，来展现青年风采，凝聚青年力量，共同助力实现中国梦。类似的案例不胜枚举，大学生在网络空间中的行为越来越理性，如在抗击新冠、汶川地震、玉树地震、天津港"8·12"瑞海仓库特大爆炸等灾难面前，大学生通过网络的力量为遇难者祈祷祝福，并积极参与志愿行为。这些案例都反映出大学生的家国情怀，他们身体力行传递社会正能量，为更多人带来积极的影响。调查显示，71.16%的大学生表示特别佩服抗击新冠的志愿者，24.28%的大学生也想像志愿者一样为抗击疫情出力。网络公益事业的蓬勃发展，正以其灵活的、高效的、互动性强的新型公益模式，吸引更多大学生参与到网

①杨团，朱健刚.中国慈善发展报告2022[M].北京：社会科学文献出版社，2022.

络公益实践中，为高校思想政治教育开辟新的育人途径，增强了大学生思想政治教育的实效性。

第二，形成了积极向上的网络志愿文化。2013年5月4日，习近平总书记在同全国各界优秀青年代表座谈时，号召青年要积极参与志愿服务，提出"一个没有精神力量的民族难以自立自强，一项没有文化支撑的事业难以持续长久"①。在网络空间中，积极向上的、乐于奉献的网络志愿文化正在逐步成熟。中华优秀传统文化正在以新的形式传播开来。"奉献"和"爱"的理念深深根植于中国人血脉中并代代相传。"孝"文化、"仁者爱人"、"达则兼济天下"等传统思想通过网络得以传播。在革命时期形成的不怕牺牲、艰苦奋斗的革命精神以及社会主义建设时期涌现的雷锋精神等都通过网络得以广泛传播，并深入人心。中国特色社会主义新时代形成的以"奉献、友爱、互助、进步"为核心的志愿精神正在深入人心，成为受到大学生追捧的时代精神。

第二节　部分大学生在网络空间中存在道德失范现象

随着时代的发展，网络空间变成更为自由的交流场域，对大学生的学习、生活、思维方式都产生了巨大的影响，现实社会中的道德教育难以在网络空间中发挥作用，网络带来的道德评价的复杂性、大学生自控能力较弱等问题，都导致部分大学生存在网络道德失范行为。

一、网络社会责任感缺失

在网络空间中，人们在物理身体缺位的情况下，在交往主体的现实社会地位和角色等社会属性的隐匿下，透过数字化的语言和表情符号进行交

---

①习近平谈治国理政：第1卷[M]．北京：外文出版社，2014：52.

流。根据心理学家弗洛伊德的人格理论，在网络空间中，大学生可以更加自由地展现出"本我"人格，根据自身的喜好与兴趣进行网络交往活动，并拒绝那些不能满足自身需要的责任与束缚，呈现出越来越强烈的个性化网络责任意识。但是，由于网络空间中监管机制与能力的缺位，对大学生网络社会责任意识的形成构成挑战，导致"人肉搜索"、群体宣泄、语言暴力等现象时有发生。大学生容易因群体无意识的裹挟而丧失对于网络公共事件的判断能力与自控力，出现"只站队，不站对"的现象，或因温和的观点与看法而陷于"沉默"，或因言论自由而发表谩骂、调侃等情绪化言论，部分大学生在网络空间中逐渐丧失社会责任感。

网络语言暴力往往伴随着"人肉搜索"、谩骂、调侃与站队现象，是大学生网民的非理性情绪的表达，具有伪善性、群体性、强制性的特点。大学生网民在缺乏对客观事实理性认识的前提下，对当事人进行道德谴责，以不道德的方式发表攻击性言论，具有明显的矛盾性。大学生在网络空间中更容易关注热点话题，并发表自己的见解，但其重点在于发表内心倾向的既定想法，在得到越来越多人的认可后，进而形成更为极端的观点并采取极端行为。大学生的世界观、人生观、价值观正处在逐渐形成的关键期，容易受到舆论导向的影响，忽略网络事件的真相，非理性地对当事人进行道德审判。纵观"江歌案""陕西孕妇坠楼事件""王凤雅事件""南京摔狗事件""35岁女医生自杀事件"等网络暴力事件，大都聚焦在社会道德领域，一些网民对于未经证实的热点事件及事件的当事人进行道德谴责、谩骂、转发不实言论、"人肉搜索"、现实攻击等，给当事人及其亲友带来身心的巨大伤害。

在网络暴力事件中，在极端言论及行为的驱使下，网民会在非理性的情况下，通过舆论高压、曝光隐私、"人肉搜索"等方式来影响当事人的正常生活，希望当事人作出满足网民期望的道歉行为。这种道德上的强制性给当事人带来极大影响，网民已经不再关注事件的真相到底是什么，而转头关注当事人是否满足舆论导向及网民的心理预期。网络具有虚拟性、匿名性等特征，使得部分大学生即使参与到某一热点事件中，对当事人施加网络语言暴力，也很难受到来自网络空间和现实社会的道德拷问。处在道德真空领域的大学生，很难发现自身存在的道德问题，容易造成其网络社会责任感缺失。

二、泛娱乐主义盛行

在网络空间中，娱乐已经成为大学生价值观塑造的重要载体。大学生在网络空间中的主体意识不断增强，使他们更愿意去探索对人生和社会的认知与理解。但是，大学生由于价值观尚未成型，容易受到外部环境尤其是娱乐的影响。资本与娱乐的结合催生了泛娱乐主义。网络空间的出现为泛娱乐主义的发展提供了契机，"一切公众话语都日渐以娱乐的方式出现，并成为一种文化精神。我们的政治、宗教、新闻、体育、教育和商业都心甘情愿地成为娱乐的附庸，毫无怨言，甚至无声不息，其结果是我们成了一个娱乐至死的物种"[①]。泛娱乐主义催生了付费视听产业、网络剧、网红经济和电子竞技等新型产业，并通过直播平台、视频网站、智能推送，使得娱乐内容在短时间内呈现出几何式的裂变与传播。在泛娱乐主义的影响下，大学生价值观呈现出碎片化、肤浅化、低俗化的趋势，容易出现道德失范、自我迷失等消极现象。"娱乐，并不仅仅是一种内容或者形式，其实它的本质上是人与世界沟通畅达时所产生的快感，是人性自由所追求的一种境界。"[②]但泛娱乐主义缺少对个体精神世界的探索，更多的是鼓励物质享乐，追求感官上的刺激，充斥着虚无主义的价值观。

第一，少数大学生对历史虚无主义缺乏判断。网络空间中的恶搞文

---

①[美]尼尔·波兹曼. 娱乐至死[M]. 章艳, 译. 北京：中信出版社，2015：4.
②张小争. 娱乐财富密码：引爆传媒新经济[M]. 上海：复旦大学出版社，2006：2.

化，容易造成大学生对庸俗、低俗、恶俗文化的关注，从而折射出部分大学生对低级趣味的追求。部分网络恶搞文化颠覆了主流意识形态，亵渎了中华传统美德，造成大学生价值观的迷失和偏离。主要表现在对英雄人物、红色经典著作的亵渎，例如：对雷锋的恶搞，认为雷锋是因为帮助太多人而累死的，或是驾驶技术不好而引发的交通事故；黄继光是因为被石头绊倒而堵枪眼的；董存瑞是因为炸药包上的双面胶而牺牲的；对《地道战》《闪闪的红星》《刘胡兰》等经典著作的恶搞等。这种对英雄人物和经典著作的无端恶搞，洞穿了道德的底线，在一定程度上消解了主流价值，不仅是历史虚无主义的表现，也会造成大学生价值观的偏离，改变或异化大学生的道德认知结构。

第二，少数大学生消费观扭曲。网络空间中的网红经济容易影响大学生的消费观，使部分大学生产生虚荣心、攀比心，从而忽视自身的经济承受能力，造成跟风消费的现象。2019年，"带货一哥"李佳琦在"双11"当晚的直播中，引导成交额超过10亿元。据统计，有78.3%的同学买过李佳琦直播间的产品，有64.3%的同学承认有过冲动消费的情况。网红经济是网贷消费的重要推手，大学生群体通过网贷满足了消费的需求，但也对他们的价值观产生了一定的冲击，容易滋生不良消费观念，削弱诚信意识，淡化法律观念，部分大学生甚至频频陷入网贷陷阱，其身心健康和人身安全受到严重影响。个别网红为了吸引受众的注意力，满足网民的猎奇心理，在直播中传播"三俗"内容，淫秽色情图片、文字与视频，严重危害大学生的身心健康与发展。

第三，少数大学生沉迷网络游戏。网络游戏虽然能够在一定程度上促使大学生增长知识、陶冶情操、减少压力，但部分网络游戏中充斥的暴力、暧昧、赌博等内容，严重影响着大学生的健康成长，还会淡化大学生的自律意识，从而影响大学生的学习与生活。截至2023年6月，我国网民规模达10.79亿人，互联网普及率达76.4%，这其中20—29岁的网民占比

14.5%[1]。早在《2021年全国未成年人互联网使用情况研究报告》显示，我国未成年网民规模达1.91亿人，其中经常在网上玩游戏的占62.3%[2]，这个数字也随着年份的增长而呈现出上升趋势。网络游戏给玩家带来的自由与放纵的体验，使他们逐渐地失去了自我，游戏世界与现实世界的落差和冲突日益明显，使得部分大学生只愿意沉迷在游戏的世界里，形成网络游戏成瘾症。网络游戏中的暴力、血腥场面容易使大学生在游戏里大肆杀戮，对他人进行语言攻击，逐渐丧失该有的道德约束，形成冷漠、自私、无情、攻击性强等情绪反应。调查显示，"聊天、讨论、打游戏时使用粗俗语言"的行为排在大学生网络不道德行为首位[3]。游戏沉迷的太深，导致人性本身的丧失和异化，造成失去现实感和有效的道德判断力，在不少大学生玩家中，个人英雄主义、功利主义、享乐主义的道德缺陷都很明显，这无疑是一种警示。

三、散布网络负面舆论

网络空间的去中心化特征，使得人人都能自由地发表言论，促进了网民之间的交流与沟通，网络空间因而形成了新闻、观点、民意的集散地。大学生由于具有较高的媒介素养，更容易接受新鲜事物，思维活跃，勇于创新。他们更愿意通过编辑、复制、留言、转发、评论等方式，自由地表达自己的情绪、意见和态度，成为网络舆论的制造者与参与者。

目前，网络空间中大学生的网络舆论表达总体上是积极向上的，能够准确地洞悉社会、评议时政、释放情绪和表达诉求。但仍有部分大学生在

---

①第52次中国互联网络发展状况统计报告[EB/OL]. https://www.cnnic.net.cn/n4/2023/0828/c199-10830.html，14:42.

②2021年全国未成年人互联网使用情况研究报告[EB/OL]. https://www.cnnic.net.cn/n4/2022/1201/c116-10690.html，15:27.

③高媛媛，马彩莉，谷越. 新媒体环境下大学生网络道德现状调查及对策研究：基于山西16所高校的实证分析[J]. 山西高等学校社会科学学报，2019（08）：65.

从众、猎奇、失衡、焦虑、报复等复杂的心理作祟下，放弃责任，散布谣言，发表负面信息与言论。不同于传统的纸质媒介，在网络空间中散布谣言，只需通过鼠标、键盘就可实现，在谣言的传播方式上显得更为便捷与灵活，就使得很多大学生在不知不觉中成为谣言的散布者。调查显示，大学生在面对"如何看待网络空间中的不实言论"这一问题时，虽然45.56%的大学生选择静观其变，30.85%的大学生会在探究言论的真实性后进行适当反驳，但仍有5.07%的大学生抱着宁可信其有的态度并愿意转发，3.47%的大学生会在不辨真伪的情况下转发。2018年，有网友称"在大雨中，楼下快递员冒雨送快餐却被偷得所剩无几，在雨中爆哭"。后经调查，快递员在雨天哭泣是另有他情，并未发生被盗的情况。2020年，有网友称"吃大蒜、喝白酒可以防治新冠肺炎"，但经防疫部门辟谣后澄清，目前没有任何特定食物能帮人抵抗新冠病毒。2021年随着疫情出现反复，"钟南山院士到达西安""钟南山赴满洲里""钟南山来宁波"等消息在网上相继涌现。经有关部门核实后发现，传闻所述的钟南山院士行程皆是凭空捏造，每当出现新增新冠肺炎确诊病例，类似的不实传言就会同步更新。2022年11月，山东、江西、福建、天津等多地传出"有人贩子偷抢小孩"的消息。多地公安机关经调查核实，均未发现拐卖儿童的嫌疑人，未接到拐卖儿童的报案。这些网络谣言的共同特点就是利用感情因素，引发网民的关切与共鸣，在网络中迅速传播、转载、评论，引发了一定程度的社会恐慌，甚至产生爆炸式的负面社会影响。部分大学生不重视网络制度法规，致使削弱了规范对大学生的约束力；加之部分大学缺失网络素养，使其弱化了有序表达的制止力；网络环境又消解了大学生的理性自觉，诱发了大学生情绪化、偏激化、负向性的表达倾向；网络内容的混杂干扰了大学生的信息鉴别能力，大量的虚假信息也使得大学生背离了事实与真相，致使大学生在猎奇心理与标新立异的驱使下，发布不实言论，甚至演变成谣言的信息源。部分"网络水军"更是利用大学生的这一特点，制造具有

煽动性的言论，并带头转发，在"从众心理"的驱使下，调动大学生的参
与热情，使得大学生在尚未掌握事实真相的前提下，成为网络谣言的助推
器和散布者。大学生网民对于网络热点事件的有效辨别能力较差，与无意
义图好玩的跟风、自我情绪的宣泄以及主流价值观的偏离有直接的关系。

四、网络诚信意识缺失

网络空间的不断发展，给大学生的交往方式和生活方式带来巨大的变
化，也让大学生面临着网络诚信缺失带来的压力和困境。

第一，大学生侵犯知识产权的事件频繁发生。部分大学生对知识产权
的理解不够深入，只知道著作权、专利权、商标权，而对集成电路布图设
计权、地理标志等新型权利知之甚少。部分大学生对知识产权的情感充满
矛盾，虽然有80.77%的大学生认为在网络空间中需要维护知识产权，但仍
有16.14%的大学生在网上经常下载或观看未经授权的影视作品，或试听和
下载未购买版权的歌曲及学习资料。大学生在网络空间中虽然已经建立起
了维护知识产权的意识，但在行动上还需要更多的监督与引导，才能逐渐
建立起知行合一的维权行为。

第二，网络人际交往失信。大学生的交往空间趋于虚拟化和多样化，
其作为交往主体能够自由随性地切换身份，应对不同的交往对象与交往环
境，从中得到满足。但实际上，虚拟狂欢后会产生现实人际关系的淡漠，
弱化人际交往中的责任感和信任感，产生情感失落和人情淡化，甚至对现
实的人际交往产生抵触情绪。网络人际交往的时间越多，现实交往的时间
就越少。人与人的情感主要是通过不断地相互接触而逐步加深，随着接触
的减少，彼此间的情感也会淡化，大学生在寝室、家庭、聚会等现实交往
场合中"低头族"现象频发，严重阻碍了彼此间情感的深入发展。在网络
空间中，像Soul、积目、陌陌、探探、趣信等新媒体社交软件越来越受到
大学生的青睐，这些软件拓宽了大学生的交友渠道，但却未能提升大学生

在虚拟交往中的人际信任水平。在回答"你是否相信在网络中能交到真朋友"这一问题时，33.72%的大学生选择相信，41.38%的大学生抱有半信半疑的态度，11.46%的大学生则选择不相信。大学生以网络空间作为媒介，借助第三方通信软件进行文字、图片、符号等方式的交流，弱化了现实交往中情感及肢体语言所传递出的信息，不利于交往双方的沟通体验。这种浅层化的沟通，容易产生词不达意的情况，无法真正体会出对方要传达的情感，难以实现在现实人际交往中的强联系。调查显示，有30.41%的大学生在网络交往中有骗过对方或被骗的经历。在网络空间中，大学生可以随意虚构自己的性别、年龄、职业、爱好及人生经历，给自身设定不同的人设，在有限的虚拟交往中很难识别真伪。在缺乏监管的网络空间中，人们没有了社会道德与伦理的制约，一旦在网络人际交往中发生不愉快的现象，就可立即删除对方，更换交往对象，这使得网络人际交往中存在信任缺失问题，人与人之间很难建立起稳定的交往关系。

第三，学术诚信缺失。诚信是中华民族的传统美德，但在网络空间中频频出现的学术剽窃、论文造假等学术失范现象，使得大学生网络诚信意识缺失，已成为各大高校共同关注的重点问题。数据表明，关于"大学生在完成各科作业时，如何运用在网上搜索到的相关资讯"这一问题，虽然有61.29%的大学生会选择整合资料，为自己的作业奠定理论基础，但仍有19.28%的大学生会直接引用大量文献资料，5.07%的大学生会将几篇文章拼凑一下作为自己的作业，2.11%的大学生会直接选择抄袭或盗用他人成果。学术不端已造成大学生进行学术研究的价值取向产生偏差和异化，其背后对学术功利化的追求，为了学分、学位而出现的抄袭、剽窃和买卖论文等现象越发严重，扰乱了高校的学术生态之需，也降低了大学生对网络诚信意识的自觉性。

第三节　大学生网络空间道德失范现象的原因分析

一、高校网络空间道德教育缺乏针对性

目前，高校网络空间道德教育已取得良好的成效，但仍存在网络空间道德教育不能完全满足大学生实际需要的矛盾，使得网络空间道德教育缺乏针对性。

第一，教育者的媒介素养欠佳。教育者的政治、思想、道德、文化等方面的素质，直接决定了网络空间道德教育水平的优劣。教育者若缺乏开放的、全球化视野，只是延续传统道德教育的理念、方法和手段的话，会降低大学生对于网络空间道德教育内容的认同感，从而削弱道德教育对大学生的影响力。部分教育者未能时刻保持学习的状态，特别是缺乏网络技术和交叉学科领域知识的拓展，弱化了网络空间道德教育的引导功能。部分教育者运用网络收集、编辑、生产网络空间道德教育内容的能力较差，其在教学过程中往往显得底气不足，削弱了道德教育在网络空间中对大学生的教育与引导作用。

第二，缺乏对网络空间中大学生群体特征的把握。当代大学生作为网络"原住民"，每个人都可以在网上隐藏自己的身份，通过虚拟的昵称或ID实现在网络中的自由穿梭。但采用大数据技术，能够挖掘出隐藏在网络中的大学生的真实身份，使大学生具有现实和虚拟共存的特质。他们作为创新的一代，更渴望自由与独立，其有强烈的主体意识，希望在平等的前提下进行沟通与交流，并愿意参与网络话题的讨论与互动。网络空间的出现与发展，使得大学生的生存场域变得多样，给大学生的日常生活与人际交往带来了很大挑战，大学生的生产生活方式和道德价值观念受传统与外来因素影响也呈现出多元化发展趋势，各类道德问题频发也就在所难免。

高校思想政治教育工作者如果不能及时掌握大学生在网络空间中的认知特点、个性需求和成长状态，就会导致网络空间道德教育引导工作远离大学生的现实需要，进而陷入假、大、空的尴尬境地，极大地影响了网络空间道德教育的效果。

第三，网络空间道德教育内容缺乏吸引力。网络空间道德教育是通过网络道德信息的数据化传播来实现的，网络空间道德教育的主客体关系实质上是一种数字化关系。"从前所说的'大众'媒介正演变为个人化的双向交流，信息不再被推给消费者，相反，人们（或他们的电脑）将所需要的信息'拉出来'并参与到创造信息的活动中。"①在网络空间中，教育客体是不固定的群体，大学生是否能与教育主体形成主客体关系，取决于网络空间道德教育内容是否能吸引他们。大学生对于网络空间道德教育内容的获取与互动行为具有随机性和开放性，没有吸引力的观点和信息很难引起大学生的关注与点击，将很快淹没在网络信息的巨大海洋中，被其他更有噱头、更具感染力和视觉冲击力的信息所代替。当前的网络空间道德教育内容更多的是以结果为导向的，更具口号式、形式化的空洞表述，既没有大学生关注的热点问题，又无法贴近大学生在网络空间中的真实生活，大学生的参与度过低，内容空泛又单调的道德教育，很难引导大学生自觉地将网络空间道德教育内容内化为网络道德行动的思想指南。部分高校的官方微博、微信平台发布的道德教育内容刻板，访问量少，服务面窄，与大学生之间缺乏互动，无法引起他们的共鸣，导致部分高校网络空间道德教育效果欠佳。

第四，网络空间道德教育方法的落实流于形式。传统道德教育方法以理论讲授为主，能够充分发挥教育者的引导作用，但过多的理论讲授很难调动大学生参与教学活动的主动性与积极性。网络空间道德教育虽然在传

---

①[美]尼古拉·尼葛洛庞帝. 数字化生存[M]. 胡泳，范海燕，译. 海口：海南出版社，1996：49.

统的理论讲授的基础上，充分运用网络技术，开展案例分析与热点话题的解读，通过博文、视频、图片、音频等方式开展网络空间道德教育。但由于部分教育者过分强调共性，忽视大学生的个性，没有实现与大学生的充分互动，无论是博文还是视频都显得流于形式，未能吸引大学生的关注、转发和评论。

第五，未能充分利用网络空间道德教育载体。网络载体是集文字、图像、声音于一体，集现实展现与虚拟呈现于一体的新兴多媒体。网络空间中"所有种类的信息全部包藏于媒介之中，因为媒介变得十分全面、多样、赋予延展性，使得媒介在同一多媒体文本里吸纳了所有人类过去、现在和未来的经验"[①]。网络载体为道德教育提供了更加丰富的素材和形式多样的信息传播平台，使得道德教育内容更具视觉冲击力、情感震撼力和思想感染力。目前高校网络空间道德教育虽然已经开通微博、微信、微视频、网络直播等当前流行的时尚载体，但是却受到教育内容生产与制作水平限制，导致网络空间道德教育内容点击量低、关注度差、推送范围窄。网络空间道德教育未能实现教育载体的技术性与艺术性、虚拟性与现实性、教育性与观赏性的融合，在网络空间中缺乏竞争力，未能展现出网络空间道德教育的魅力。

二、网络法律法规建设相对滞后

网络空间的发展困境之一就是科技进步得太快而立法却相对滞后。我国已经制定并颁布了《网络安全法》《国家网络空间安全战略》《互联网信息服务管理办法》《关于加强网络安全学科建设和人才培养的意见》《关于加强网络信息保护的决定》《关于推动传统媒体和新兴媒体融合发展的指导意见》《"十三五"国家信息化规划》《"十四五"国家信息化

①[美]曼纽尔·卡斯特.网络社会的崛起[M].夏铸九，王志弘，等，译.北京：社会科学文献出版社，2001：463.

规划》等90多部法律法规及相关战略性、制度性文件，使我国逐步走上网络法制化轨道。这其中《网络安全法》作为我国互联网健康发展的基本法，规范着大学生在网络空间中的道德行为底线。但是，"法律试图跟上技术的发展，而结果总是技术走在前头，这几乎是一个永恒的规律"①。我国正不断推进互联网的立法进程，相继出台了很多法律法规，能够有效地约束大学生的网络行为，营造风清气正的网络空间。但是，我国现行的网络立法还不够完善，未能对网络空间中的不良行为进行有效约束，而法律自身的特质又使得立法必然滞后于网络空间的发展变化，使得相关网络法规的制定与出台进入了一种补救式的模式。在具体的网络执法过程中，由于网络空间的隐匿性，使得对网络法规的使用对象的身份甄别具有一定困难，网络法规在执行时存在一定的难度，导致网民对网络法的重视程度弱化，甚至存在忽视网络法律法规的情况。网络空间打破了国与国之间的界限，但法律法规是有界限的，仅限于本国的领土范围内，而互联网上并没有通行的国际法规，这就使得在法律法规的"真空"地带，人们容易逃避法律的制裁，使得网络失范现象乃至违法行为增多。

　　法律永远是道德的底线，道德才是人们自觉行为的上线。在网络空间中，制定出符合社会发展要求的道德行为规范显得尤为重要。尽管我国早在2001年就已推出《全国青少年网络文明公约》，从学习、交友、自我保护、网络安全、身心健康等方面提出了倡导与约束，但却没有更加具体和可执行的道德行为准则。2019年国务院办公厅颁布的《新时代公民道德建设实施纲要》和2021年中共中央办公厅、国务院办公厅印发的《关于加强网络文明建设的意见》中都提到了抓好网络空间道德建设的内容。加强网络空间道德建设应从加强网络内容建设、培养文明自律网络行为、丰富网络道德实践、营造良好网络道德环境等四个方面的建

---

①魏定仁. 宪法学[M]. 北京：北京大学出版社，1994：208.

设着手，才能促进网络空间日益清朗。虽然这些网络道德规范在一定程度上规范了大学生的网络行为，但随着网络技术的不断发展与迭代，在网络空间中的道德问题也将不断凸显，网络道德规范在短时间内难以健全。与此同时，网络空间中行为主体的道德监督出现缺位，传统道德规范在网络空间中不同程度的失效，网络文明公约与政策法规的不健全，使得部分大学生将网络空间视为道德"真空"地带，从而不断宣泄个人情感，作出违背网络道德规范的行为。

三、现实社会中存在道德失范现象

网络空间作为现实社会的延伸，其在网络信息技术存在的层面上，表现出相对独立的特征。但是，其在道德层面上，则体现为现实道德目标、道德规范、道德约束、道德权利、道德义务与道德实践在适应网络技术环境时，发展或重新生成的技术化道德体系。现实社会中原有的道德教育体系已经不能满足网络空间中人们的心理、情感与交往的需求，而现实社会中的道德失范现象在一定程度上诱发了网络道德失范行为，加剧了网络空间与现实社会的道德失范现象。虽然我国的道德建设成绩斐然，社会道德状况的主流是积极向上的，但是道德失范现象也是客观存在的，在经济、政治、文化、社会生活等领域，仍存在假冒伪劣、诚信缺失、贪污腐败、利欲熏心等现象。我们不能忽视这样一个事实，即网络道德和现实社会道德的作用对象都是现实生活中的人。现实社会中的道德失范现象，直接影响其在网络空间中的行为，弱化网络空间道德环境对大学生的制约与束缚。

第一，经济领域的道德失范现象。我国作为世界第二大经济体，在经济领域取得巨大成果，极大地提高了人们的物质生活水平。但是，我们也应清晰地认识到我国经济领域的道德失范现象及其危害性。部分企业在追逐利益最大化的同时，忽视了产品质量、平台监管、安全漏洞、售后服务等环节，缺乏从企业长远发展的角度去审视他人利益和社会利益，破坏了整个社会的风气，影响社会经济的有序发展。近年来，频频爆出的"饿了么"平台的外卖卫生质量问题，地沟油、瘦肉精、毒奶粉、山寨笨鸡蛋等问题，体现了部分商家的道德沦丧，为人们的健康生活带来了一定的威胁。不论是"长春长生疫苗事件""权健传销活动案"，还是"ofo小黄车退押金难""互联网企业兜售用户信息"等热门事件，都显示了经济领域的道德失范不仅会影响企业的长远发展，也影响着人们社会生活的方方面面。在抗击新冠肺炎的关键时期，有不法商家在口罩上做文章，哄抬物价、销售假3M口罩、回收旧口罩、贩售过期口罩或进行翻新后二次销售，严重影响了经济领域的道德风气。

第二，政治领域的道德失范现象。中国共产党始终将党的政治建设放在首位，不断强化国家监督体系，强化对权力运行的制约与监督，确保党的路线方针政策的贯彻落实，为决胜全面建成小康社会提供坚强保障。但是，我国在政治领域依旧存在道德失范现象，主要表现在丧失理想信念、以权谋私、贪污受贿、生活腐化、纪律松散等方面。纵观山西省公安厅原副巡视员权志高严重违纪违法案件、山西省吕梁市政协原党组书记刘云晨受贿案、海南省委原常委张琦严重违纪违法案件、全国人民代表大会内务司法委员会原副主任委员赵正永受贿案等，这些贪污腐败的公职人员都是从政治道德沦丧开始的。部分党员干部打着为人民群众办实事、办好事的"幌子"，过分追求政绩，忽视老百姓的真实诉求，使人民群众丧失了对党和政府的信任，破坏了党和政府的威信与形象。

第三，文化领域的道德失范现象。文化是一个国家综合国力的重要标志，不仅守护着人民的精神信仰，还为国家与民族发展提供不竭动力。"不忘历史才能开辟未来，善于继承才能善于创新。"[①]我国在弘扬社会

---

①在纪念孔子诞辰2565周年国际学术研讨会暨国际儒学联合会第五届会员大会开幕会上的讲话[N]. 人民日报，2014-09-25（02）.

主义文化时，应创作与传播更多具有中国精神和社会主义核心价值观的优秀作品。虽然我国文化领域中的主流价值观是积极向上的，但仍不乏一些唯利是图的文艺工作者，淡化价值意识，降低文化产品的格调，过分迎合市场，使得文化产品中充斥着低俗、暴力、淫秽、封建迷信等内容。对影视作品的评价也不再坚持美学的、历史的标准，转为"票房标准""流量标准""收视率标准"，使得一些作品大肆宣扬拜金主义、享乐主义等错误思想，造成文化领域的道德失范。

第四，社会生活中的道德失范现象。道德的进步不是直线的，而是在进步与倒退的矛盾运动中呈现出螺旋上升的趋势，并在善与恶的对抗中，不断推动社会道德的进步。改革开放40多年来，随着我国经济社会的不断发展，也出现了一系列社会道德问题。2006年的南京"彭宇案"、2009年的天津"许云鹤案"、2011年的佛山"小悦悦事件"、2016年的"江歌案"等都引发了全社会的关注，揭示了在社会公共领域中的道德失范现象，也促使人们意识到道德规范的重要性。近年来，高铁占座霸座、恶意逃票、醉酒后骚扰乘客等不文明行为，小区高空抛物、楼道堆放垃圾、占用公共空间等不道德行为，都揭示了社会生活中的道德缺失，严重影响着大学生道德价值的形成与确立。

道德是一种自律行为，是个体的自我立法与自我遵从，是源于灵魂的善。"自律原则是唯一的道德原则，而道德原则必须是一份定言命令式，但这个命令所要求的，却不多不少，恰恰是这种自律。"①现实社会中的道德失范现象，容易模糊道德与非道德的界限，消解社会道德对大学生的约束力，进而促使大学生作出道德失范行为。

---

①[德]康德. 纯粹理性批判[M]. 蓝公武，译. 北京：商务印书馆，1997：552.

四、大学生道德认知与道德行为相脱节

大学生是最具有朝气的群体，具有较强的好奇心、丰富的情感和强烈的表现欲，是追求个性，易于接受新思想的一代，是中国特色社会主义事业的建设者和接班人。网络的虚拟性、开放性和隐匿性使得大学生可以在网络中自由发表言论，不用考虑是否符合社会的道德标准，这就使得在缺乏道德监督与他人监管的情况下，"自我"和"超我"以及过去被道德标准所压抑的部分性格得以释放，借助网络空间展现另一个自我，造成部分大学生沉迷网络，知行不一，发表不道德的言论和作出道德失范的行为。他们对事物的辨别能力较差，知识结构尚未完善，加之阅历尚浅、自控能力差等方面的问题，容易在网络空间纷繁复杂的信息中迷失自我，造成道德认知与道德行为的脱节。

第一，大学生网络道德心理的失衡。网络道德环境的优劣直接影响着大学生网络道德心理的发展。网络空间具有开放性、包容性等特点，鱼龙混杂的网络信息冲击着大学生尚未形成的世界观、人生观和价值观。历史虚无主义、享乐主义、极端个人主义、实用主义等错误思想，在潜移默化中影响着大学生的道德心理，部分大学生对原有的道德认知产生怀疑，弱化了主流价值观念的引领作用，甚至与社会主义道德要求背道而驰。2018年，"大四毕业生作弊被开除起诉学校"的帖子在微博中引发了网民的热议，该名大学生并没有为考试作弊而感到羞耻，反而因为被学校开除而想借助法律手段"维权"。这一事件背后是大学生对社会道德与法律的忽视，不仅破坏了公平竞争原则，也侵害了其他考生的利益，更破坏了个人诚信。网络道德失范并不是既定的、静止的，而是在人的行为控制力的逐渐减弱中慢慢失控的。当大学生无法认同网络道德规范时，将形成思想上的模糊和混乱，从而产生消极的网络道德情感，抑制道德认知向道德行为的转化过程，出现网络道德失范行为。

第二，大学生的网络交往错位。网络空间的跨时空性与去中心化的特点，加深了大学生网络人际交往的深度与广度，但交往对象的不确定性与隐匿性也为网络交往带来了一定的隐患。在网络交往中，交往主体间身份的不确定性导致网络交往角色的失真，容易产生网络人际信任危机。交往主体有选择性地展现自我信息，通过希望给他人留下的印象，来调整自身所展现出来的形象。人与人之间的交往变成了自我表演的舞台，这种伪装的、有所保留的交往，隐匿了人的真实情感，淡化了交往规则，导致交往主体间关系的疏远和情感的淡漠。长期的角色失真会使得大学生逐渐难以判断真与假、美与丑、善与恶，进而产生道德认知的偏差和导致道德行为的脱轨。

第三，网络群体引发的道德失序。人的社会属性决定了人们必须从属于不同群体，"孤立的他可能是个有教养的人，但在群体中他却变成了野蛮人——即行为受本能支配的动物"[1]。大学生在网络空间中由于兴趣、价值观等方面的趋同，自发结成了若干个网络群体。当他们面对引发网民热烈讨论的热门话题时，网络群体中的优势意见和整体舆论倾向经过"裂变式"传播与"圈群式"传播，促使更多网民认同该观点，形成网络群体的极化现象。当大学生处于网络群体极化现象中时，他们往往出于舆论压力、趋同心理和害怕在群体中被孤立等原因，而被迫或默认该群体所表达出来的价值观念和观点。这种通过绑架个人意见而满足自身的特定需要的行为，容易造成大学生的价值混乱，从而使其产生道德认知和道德行为的脱节。

---

[1][法]古斯塔夫·勒庞. 乌合之众：大众心理研究[M]. 冯克利，译. 北京：中央编译出版社，2004：18.

第四章

大学生网络空间道德教育的
指导思想、目标及原则

社会的进步和信息科技的不断发展，使得道德规范也随着人的虚拟化生存而进入网络空间，规范着现实社会中的人在参与网络活动和交往时应遵循的道德行为准则，并在长期的网络交往与活动中产生了相应的网络道德观念。社会主义道德并不能自觉自动地成为行为主体的内在观念，还需要通过宣传、教育等方式才能使网络空间的行为主体将网络道德观念内化为个人的道德品质。因此，明确网络空间中大学生道德教育的指导思想、目标和原则，具有深远的时代价值与现实意义。

第一节　以习近平关于道德教育和网络强国
建设的重要论述为指导思想

习近平总书记关于道德教育的重要论述是新时代中国特色社会主义思想的重要组成部分，科学地回答了新时代道德教育工作的历史地位、战略重点和价值追求等问题，是今后加强和改进高校道德教育工作的科学指南。习近平总书记将道德教育贯彻于社会主义现代化建设的进程中，提出要不断加强党员思想政治水平，加强青年学生的三观教育，加强公民道德建设，营造良好的社会道德环境，为实现中华民族伟大复兴的中国梦提供精神动力。网络空间的诞生与发展，为我国道德建设带来了巨大的挑战。习近平总书记高度重视网络强国建设，多次强调"互联网是一个社会信息大平台，亿万网民在上面获得信息、交流信息，这会对他们的求知途径、思维方式、价值观念产生重要影响，特别是会对他们对国家、对社会、对工作、对人生的看法产生重要影响"①。

一、明大德、守公德、严私德

习近平总书记在与北京大学师生座谈时明确指出："德是首要、是方向，一个人只有明大德、守公德、严私德。其才方能用得其所。"② "明大德"是指国家之德，大学生应筑牢理想信念，在大是大非面前旗帜鲜明，在各种诱惑面前立场坚定，对党和国家忠诚，立志报效祖国、服务人民，将自身和国家的命运联系起来，做到"天下兴亡，匹夫有责"，为中华民族伟大复兴奉献力量。"守公德"是指大学生应强化宗旨意识，遵守道德规范，遵纪守法、爱护公物、保护环境、文明礼貌、助人为乐，做到心底无私天地宽，共同营造修德养性的良好社会氛围，构建社会主义和谐社会。"严私德"是指大学生应学会自律，严格约束自身的道德行为，培养良好的道德品格。

高校在对大学生开展道德教育时，也应分三个层次进行有针对性的道德教育。

第一，构建以德兴国的自觉。《论语》中说道："为政以德，譬如北辰，居其所而众星共之。"治理国家应以道德原则为标准，强调道德对政治生活的作用，重视道德教化在维护社会公序良俗方面的重要作用。习近平总书记在2018年的北大师生座谈会上提到："《礼记·大学》说：'大学之道，在明明德，在亲民，在止于至善。'古今中外，关于教育和办学，思想流派繁多，理论观点各异，但在教育必须培养社会发展所需要的人这一点上是有共识的。培养社会发展所需要的人，说具体了，就是培养

---

① 在网络安全和信息化工作座谈会上的讲话[N]. 人民日报，2016-04-26（02）.
② 青年要自觉践行社会主义核心价值观[N]. 人民日报，2014-05-05（02）.

社会发展、知识积累、文化传承、国家存续、制度运行所要求的人。"①对大学生而言，"大德"就是指对祖国的情感，表现为将政治品德作为政治行为的道德规范，以报效祖国、为人民服务为出发点，确立关乎"大德"的世界观、人生观、价值观。高校对大学生开展道德教育时，应明确"大德"，引导大学生有意识地"严私德""守公德"，"大德"在"公德""私德"之上起引领作用，有助于帮助大学生将内在的精神追求外化为实际行动。

第二，明确和谐相处的社会共识。"守公德"是保障人民利益、维系社会良性运作的内在动因。近代国学家梁启超称"人人相善其群者谓之公德"，即个体以社会成员的身份在公共及私人场域中与人交往时，展现出来的遵守公共秩序、维护公共利益的德性与品格。高校道德教育应"坚持提升道德认知与推动道德实践相结合，尊重人民群众的主体地位，激发人们形成善良的道德意愿、道德情感，培育正确的道德判断和道德责任，提高道德实践能力尤其是自觉实践能力，引导人们向往和追求讲道德、尊道德、守道德的生活"②。大学生应自觉遵守社会公德、职业道德、家庭美德和个人品德，在公共交往和社会生活中共同遵守基本的道德规范与行为准则。

第三，塑造自律的道德人格。"'德者，本也。'蔡元培先生说过：'若无德，则虽体魄智力发达，适足助其为恶。'道德之于个人、之于社会，都具有基础性意义，做人做事第一位的是崇德修身。"③"私德"更注重人的内心活动，强调个体的道德修养与人格完善。高校具有天然的教育优势与责任，"高校哲学社会科学有重要的育人功能，要面向全体学

①在北京大学师生座谈会上的讲话[N]. 人民日报，2018-05-03（02）.
②新时代公民道德建设实施纲要[EB/OL]. http://www.gov.cn/zhengce/2019-10/27/content_5445556.htm. 政府网，2020-02-23，9:41.
③青年要自觉践行社会主义核心价值观[N]. 人民日报，2014-05-05（02）.

生，帮助学生形成正确的世界观、人生观、价值观，提高道德修养和精神境界，养成科学思维习惯，促进身心和人格健康发展"①。大学生应在日常生活中养成良好的品性，积极践行以爱国奉献、明礼遵规、勤劳善良、宽厚正直、自强自律为主的个人品德。

二、青年要锤炼品德修为

党的十八大以来，习近平总书记针对加强青年的道德修养、操守品行、修身做人等问题作出了一系列重要论述，他指出："新时代中国青年要锤炼品德修为。人无德不立，品德是为人之本。止于至善，是中华民族始终不变的人格追求。我们要建设的社会主义现代化强国，不仅要在物质上强，更要在精神上强。精神上强，才是更持久、更深沉、更有力量的。"②习近平总书记以马克思主义青年修德思想为理论基础，汲取了我国优秀传统文化中的青年修德思想，结合个人生活与学习的经历，深刻回答了"青年为什么修德""青年修什么样的德""青年如何修德"的时代问题，不仅丰富了马克思主义青年观，也有利于引导青年群体的成长成才，确保广大青年成为中国特色社会主义事业的建设者和接班人。

马克思指出："相信现代的命运不取决于畏惧斗争的瞻前顾后，不取决于老年人习以为常的平庸迟钝，而是取决于年轻人崇高奔放的激情。"③青年是引领风气之先的社会力量，青年的德行不仅关乎于个人，更与国家、民族的命运紧密连接。党的十九大报告中指出："中华民族伟大复兴的中国梦终将在一代代青年的接力奋斗中变为现实。"④中国梦是国家的梦、民族的梦和个人的梦，为青年人指明前进的方向。回顾中国革

---

① 在哲学社会科学工作座谈会上的讲话[N]. 人民日报，2016-05-19（02）.
② 在纪念五四运动100周年大会上的讲话[N]. 人民日报，2019-05-01（02）.
③ 马克思恩格斯全集：第2卷[M]. 北京：人民出版社，2005：305.
④ 决胜全面建成小康社会 夺取新时代中国特色社会主义伟大胜利[N]. 人民日报，2017-10-19（02）.

命和建设的历史，在每一个阶段都有青年的英勇奋斗的身影。在民主主义革命时期，因北京大学青年的强烈号召和游行示威，揭开了五四运动的序幕，成为新民主主义革命的开端。在中华人民共和国成立初期，面对百废待兴的国家，无数青年投身到国家的建设中，为国家重工业的发展贡献了人力资源。习近平总书记多次对青年人提出殷切希望，强调要"深入挖掘和阐发中华优秀传统文化讲仁爱、重民本、守诚信、崇正义、尚和合、求大同的时代价值"①，倡导青年要加强道德修养，提升道德品质。习近平总书记在梁家河的七年知青岁月，让他认识到，"青年时代，选择吃苦也就选择了收获，选择奉献也就选择了高尚。青年时期多经历一点摔打、挫折、考验，有利于走好一生的路"②。

在"青年为什么修德"的问题上，习近平总书记详细阐述了修德的重要性。青年正处于人生中的黄金时期，修德是青年成长的"第一粒扣子"，这粒扣子不仅要扣好，更要系牢，才能为青年走好人生路提供强大的精神支撑。

在"青年修什么样的德"问题上，习近平总书记始终将青年修德与实现伟大复兴的中国梦和践行社会主义核心价值观联系在一起。当今中国比以往任何时期都接近伟大复兴的中国梦，当代青年也要比以往任何时期都要努力奋斗。"青年要把正确的道德认知、自觉的道德养成、积极的道德实践紧密结合起来，不断修身立德，打牢道德根基，在人生道路上走得更正、走得更远。"③

在"青年如何修德"的问题上，习近平总书记指出："修德，既要立意高远，又要立足平实。"青年"要勤于学习，敏于求知，注重把所学知识内化于心，形成自己的见解，既要专攻博览，又要关心国家、关心人

---

① 习近平谈治国理政：第1卷[M]. 北京：外文出版社，2014：164.
② 在同各界优秀青年代表座谈时的讲话[N]. 人民日报，2013-05-05（02）.
③ 在纪念五四运动100周年大会上的讲话[N]. 人民日报，2019-05-01（02）.

民、关心世界，学会担当社会责任"①。博学广知是修德的基础，当代青年唯有做到知德明德，将自身的成长成才与民族复兴、国家富强紧密联系起来，才能担负起建设社会主义现代化强国的责任。

三、营造风清气正的网络空间

网络技术的迅猛发展，使人们获取信息的途径和习惯发生了深刻变革，网络空间成为新时代意识形态工作的主战场。习近平总书记强调应从舆论格局与舆论生态的重大变化着手，做好网络空间中的正面宣传工作，把网络空间建设成为新时代传播社会主义核心价值观和推进马克思主义大众化的新载体。他指出："我们要本着对社会负责、对人民负责的态度，依法加强网络空间治理，加强网络内容建设，做强网上正面宣传，培育积极健康、向上向善的网络文化，用社会主义核心价值观和人类优秀文明成果滋养人心、滋养社会，做到正能量充沛、主旋律高昂，为广大网民特别是青少年营造一个风清气正的网络空间。"②

网络空间作为"人类生活新空间"，已与社会生活的各个领域接轨，从衣食住行到国家重要设施安全，都离不开网络空间。互联网技术的发展，改变了传统的媒体格局，使得报刊、书籍、广播、电视等传统媒体受众不断减少，社会影响力式微，很多青年人甚至不看传统媒体，信息基本从网上获取。网络空间改变了单向度的传播模式，实现了信息的多元、双向传播。但是，网络空间的虚拟性、隐匿性和开放性，又滋生了网络意识形态领域的诸多问题，使得网络空间成为舆论宣传的"最大变量"。"现在，媒体格局、舆论生态、受众对象、传播技术都在发生深刻变化，特别是互联网正在媒体领域催发一场前所未有的变革。读者在哪里，受众在哪里，宣传报道的触角就要伸向哪里，宣传思想工作的着力点和落脚点就要

①青年要自觉践行社会主义核心价值观[N]. 人民日报，2014-05-05（02）.
②习近平谈治国理政：第2卷[M]. 北京：外文出版社，2017：337.

放在哪里。"①"我们必须科学认识网络传播规律，提高用网治网水平，使互联网这个最大变量变成事业发展的最大增量。"②习近平总书记围绕新形势下网络宣传思想工作的一系列讲话，勾勒出新时代网络意识形态建设的基本策略。

第一，加强党的领导，坚持党管意识形态工作。网络意识形态工作是新时代意识形态工作的重要领域，要始终坚持党的领导，不断增强党对意识形态领域的领导权、主导权和话语权。各级党委和政府的门户网站、官方微博、微信公众号等终端，都应毫不动摇地坚持党媒姓党原则，传播党的声音和主张。各类社会团体和自媒体应自觉接受党的领导，在政治宣传、舆论导向和价值取向中与党保持高度一致，自觉抵御错误思想和价值观念的侵蚀。习近平总书记指出："要运用信息革命成果，推动媒体融合向纵深发展，做大做强主流舆论，巩固全党全国人民团结奋斗的共同思想基础，为实现'两个一百年'奋斗目标、实现中华民族伟大复兴的中国梦提供强大精神力量和舆论支持。"③

第二，建立多主体参与、多种手段相结合的综合治网格局。"加强互联网内容建设，建立网络综合治理体系，营造清朗的网络空间。"④新时代网络意识形态工作必须明确网络治理的建设、监督和处置主体，确定领导职责和管理职责，实现权责统一。互联网企业应在实现技术开发、内容建设所带来的经济效益的同时，自觉担负起"营造清朗的网络空间"的责任，自觉维护我国网络信息安全和意识形态安全。动员社会全体成员自觉

①坚持军报姓党坚持强军为本坚持创新 为要为实现中国强军梦提供思想舆论支持[N].人民日报，2015-12-27（01）.

②举旗帜聚民心育新人兴文化展形象 更好完成新形势下宣传思想工作使命任务[N].人民日报，2018-08-23（01）.

③推动媒体融合向纵深发展 巩固全党人民共同思想基础[N]. 人民日报，2019-01-26（01）.

④决胜全面建成小康社会 夺取新时代中国特色社会主义伟大胜利[N]. 人民日报，2017-10-19（02）.

维护网络秩序，使得人人都成为正面内容的宣传者、负面内容的监督者和文明网络行为的践行者。在治理网络负面信息时，应综合运用经济制裁、法律惩戒和技术限制的作用，不断压缩网络负面言论的生存空间，"形成党委领导、政府管理、企业履责、社会监督、网民自律等多主体参与，经济、法律、技术等多种手段相结合的综合治网格局"①。

第三，坚持法治与德治相统一的网络行为约束机制。"网络空间是虚拟的，但运用网络空间的主体是现实的，大家都应该遵守法律，明确各方权利义务。"②加强网络空间的立法，应实现依法治网、依法办网、依法上网，形成网络文明行为的外在约束机制。"法律是成文的道德，道德是内心的法律。"③通过开展网络空间道德教育，提升网民的道德水平，发挥道德的教化和引导作用，通过自律的网络道德行为来减少网络失范现象的发生。新时代网络意识形态建设应坚持他律与自律相结合，坚持法治与德治并举，才能共同服务于文明网络空间的构建。

第四，建设政治过硬、能力突出、敢于担当的网络意识形态工作队伍。做好网络意识形态工作，根本在人才，根本靠队伍。网络意识形态工作队伍的建设应始终将人才的政治素质放在首位，以政治家的标准选人，确保党和人民始终掌握网络舆论宣传的主动权。网络意识形态工作者在面对错误思潮和负面舆论时，能承担起自己应尽的职责，克服技术难题，制作文字、图片、音频、视频等多种形式的正面舆论内容，做到"魔高一尺，道高一丈"。

---

①中共中央宣传部.习近平新时代中国特色社会主义思想三十讲[M]. 北京：学习出版社，2018：221.

②在第二届世界互联网大会开幕式上的讲话[N]. 人民日报，2015-12-17（02）.

③中共中央文献研究室.十八大以来重要文献选编（中）[M]. 北京：中央文献出版社，2016：185.

四、建设网络强国

党的十八大以来，以习近平同志为核心的党中央高度重视互联网的地位和作用，提出了网络强国的战略目标，回答了网络安全和信息化建设的一系列重大理论和实践问题，走出了一条中国特色治网之路。2014年2月，习近平总书记在中央网络安全和信息化领导小组第一次会议上首次提出了网络强国战略，确定了"建设网络强国的战略部署要与'两个一百年'奋斗目标同步推进，向着网络基础设施基本普及、自主创新能力显著增强、信息经济全面发展、网络安全保障有力的目标不断前进"[①]。2014年11月，习近平总书记在给首届世界互联网大会的贺词中指出："互联网真正让世界变成了地球村，让国际社会越来越成为你中有我、我中有你的命运共同体。"[②] 2015年12月，习近平总书记在第二届世界互联网大会开幕式上，提出网络强国战略的"四项原则"和"五大主张"，指出："网络空间是人类共同的活动空间，网络空间前途命运应由世界各国共同掌握。各国应该加强沟通、扩大共识、深化合作，共同构建网络空间命运共同体。"[③] 2017年10月，在党的十九大上报告中，提出了要在21世纪中叶建成社会主义强国，将网络强国作为其重要组成部分，彰显了网络强国的战略意义。2018年4月，习近平总书记在全国网络安全和信息化工作会议上，回顾了十八大以来党中央重视互联网、发展互联网、治理互联网所取得的历史成就，这些成就充分说明，党中央关于网络安全和信息化工作的战略部署是完全正确的，并正式提出了网络强国战略思想。

第一，维护网络安全，促进网络安全和信息化的协同发展。"没有网

---

①总体布局统筹各方创新发展 努力把我国建设成为网络强国[N]. 人民日报，2014-02-28（01）.

②共同构建和平、安全、开放、合作的网络空间建立多边、民主、透明的国际互联网治理体系[N]. 人民日报，2014-11-20（01）.

③在第二届世界互联网大会开幕式上的讲话[N]. 人民日报，2015-12-17（02）.

络安全就没有国家安全，没有信息化就没有现代化。"随着网络技术的不断发展，网络空间已日益成为传播党和国家指导思想、重大方针和政策的重要载体，只有牢牢守住网络阵地，建设亿万民众共同的网络家园，才能更好地守护国家主权和政权安全。"网络安全和信息化是一体之两翼、驱动之双轮，必须统一谋划、统一部署、统一推进、统一实施。"①网络信息技术的发展具有两面性，既推动了社会的进步，又带来了行业失范、边界失据等问题，应正确处理网络技术发展与网络安全的关系，切实做好国家关键信息基础设施的安全防护，建立统一高效的网络安全风险报告与研判机制，落实网络安全责任制，做到以技术管技术，增强网络安全的防御能力和威慑能力，提高数据安全的预警和溯源能力。

第二，掌握互联网核心技术的"命门"。创新是引领发展的第一动力，是建设现代化经济体系的战略支撑。无论在现实社会还是在网络空间中，科技创新都是推动社会发展的重要动力。创新网络核心技术是建设网络强国的重要指标。当前我国的网络技术依旧落后于世界先进水平，"在很多方面还有不小差距，特别是在互联网创新能力、基础设施建设、信息资源共享、产业实力等方面还存在不小差距，其中最大的差距在核心技术上"。习近平总书记明确指出："互联网核心技术是我们最大的'命门'，核心技术受制于人是我们最大的隐患。"如果没有网络核心技术的支持，就难以取得互联网竞争和发展的主动权。习近平总书记对核心技术进行了明确的界定，指出："一是基础技术、通用技术。二是非对称技术、'杀手锏'技术。三是前沿技术，颠覆性技术。"他强调，提升自主创新能力才是突破网络技术的关键，要遵循技术发展的规律，完善科研体制，提供公平合理的市场环境，来释放各类创新主体的活力。

第三，以人民为中心发展网信事业。历史唯物主义认为，人民群众是

---

①总体布局统筹各方创新发展　努力把我国建设成为网络强国[N]. 人民日报，2014-2-28（01）.

历史的创造者，是我们的力量源泉。"网信事业要发展，必须贯彻以人民为中心的发展思想""要适应人民期待和需求，加快信息化服务普及，降低应用成本，为老百姓提供用得上、用得起、用得好的信息服务，让亿万人民在共享互联网发展成果上有更多获得感"①。在建设网络强国的进程中，以人民为中心，就是要加快网络基础设施建设，缩小不同地区之间的信息鸿沟，让每个人都能享有同等的网络资源；扎实开展网络扶贫行动，推进精准扶贫，通过提高农业生产智能化、经营网络化水平，帮助广大农民增加收入，让山沟里的孩子也能接受优质教育；积极运用网络信息技术，开展"互联网+教育""互联网+医疗""互联网+文化"等行动，促进基本公共服务均等化；加快推进电子政务，打破各级政府部门的信息壁垒，提高服务效率，让"数据多跑路"，让"群众少跑路"，解决老百姓办事难、办事慢、办事繁的问题。

第四，坚持党要管网与依法治网相结合，并为网络空间的全球治理提供中国方案。坚持党中央对网信工作的集中统一领导，是确保网信工作始终沿着正确的方向发展的政治原则。坚持依法治网、依法办网、依法上网是实现全面依法治国的必然要求。面对网络空间中的违法行为，"依法打击网络黑客、电信网络诈骗、侵犯公民个人隐私等违法犯罪行为，切断网络犯罪利益链条，持续形成高压态势，维护人民群众合法权益"②，需要通过加快网络立法，构建良好的网络秩序，加强网络社会治理来实现。面对当前"世界范围内侵害个人隐私、侵犯知识产权、网络犯罪等时有发生，网络监听、网络攻击、网络恐怖主义活动等成为全球公害"③的挑战，中国作为负责任的大国，提出了解决网络空间问题的中国方案。"互

---

①在网络安全和信息化工作座谈会上的讲话[N]. 人民日报，2016-04-26（02）.
②敏锐抓住信息化发展历史机遇 自主创新推进网络强国建设[N]. 人民日报，2018-04-22（01）.
③在第二届世界互联网大会开幕式上的讲话[N]. 人民日报，2015-12-17（02）.

联网发展是无国界、无边界的，利用好、发展好、治理好互联网必须深化网络空间国际合作，携手构建网络空间命运共同体。"①这就要求我们，推动全球互联网治理向更加公平、合理的方向前进，在网络空间中加快全球网络基础设施建设，促进互联互通；打造网上文化交流共享平台，促进交流互鉴；推动网络经济创新发展，促进共同繁荣；保障网络安全，促进有序发展；构建互联网治理体系，促进公平正义。

第二节　大学生网络空间道德教育的目标

网络空间道德教育的目标是在网络空间中进行道德教育实践活动所需要实现的目的，促使道德行为主体形成符合网络空间行为准则的道德品质。

一、坚定理想信念

理想信念是大学生的立身之本、奋斗之志，是克服艰难险阻、经受各种风险考验的精神根基。"经过几千年的沧桑岁月，把我国56个民族、13亿多人紧紧凝聚在一起的，是我们共同经历的非凡奋斗，是我们共同创造的美好家园，是我们共同培育的民族精神，而贯穿其中的、更重要的是我们共同坚守的理想信念。"②大学生正处于价值观形成和确立的关键期，树立正确、坚定的理想信念，能够指引大学生追寻人生奋斗的目标。"就像穿衣服扣扣子一样，如果第一粒扣子扣错了，剩余的扣子都会扣错。人生的扣子从一开始就要扣好。"③大学生作为网络空间的"原住民"，在

①在第三届世界互联网大会开幕式上的视频讲话[EB/OL]. http://www.xinhuanet.com//politics/2016-11/16/c_ 1119 925133.htm. 新华网，2020-02-24，14：13.
②习近平谈治国理政：第1卷[M]. 北京：外文出版社，2014：39.
③青年要自觉践行社会主义核心价值观[N]. 人民日报，2014-05-05（02）.

网络空间中也应"扣好人生的第一粒扣子",用科学的理想信念来抵制网络空间中的错误思想和负面舆论,坚定不移地以实现中华民族伟大复兴为己任,为建设网络强国,实现网络空间命运共同体贡献力量。人的身体需要营养维持,人的精神同样需要营养的补给。习近平总书记曾用"精神之钙"代指理想信念,提出:"没有理想信念,理想信念不坚定,精神上就会'缺钙',就会得'软骨病'。"①如果没有理想信念的支撑,大学生就容易导致政治上的变质、精神上的贪婪、道德上的堕落和生活上的腐化。大学生只有确立理想信念,才能永葆蓬勃的朝气、昂扬的锐气、浩然的正气,才能不断推进为崇高理想而奋斗的伟大实践。"青年一代的理想信念、精神状态、综合素质,是一个国家发展活力的重要体现,也是一个国家核心竞争力的重要因素。"②大学生只有将个人命运同国家和民族的命运联系起来,用自己的理想信念支撑行动,用行动实现理想,书写青春之歌和精彩人生。

大学生坚定理想信念,必须把马克思主义作为不可动摇的政治信仰。"在坚持马克思主义指导地位这一根本问题上,我们必须坚定不移,任何时候任何情况下都不能有丝毫动摇。"③在网络空间中,大学生要做到坚持马克思主义的崇高信仰,运用马克思主义立场、观点、方法去解决网络空间中的实际问题,做马克思主义最忠实的信仰者和践行者。习近平总书记在全国教育大会上指出:"要在坚定理想信念上下功夫,教育引导学生树立共产主义远大理想和中国特色社会主义共同理想,增强学生的中国特色社会主义道路自信、理论自信、制度自信、文化自信,立志肩负起民族

---

① 中共中央文献研究室.十八大以来重要文献选编(上)[M].北京:中央文献出版社,2014:80-81.

② 立德树人德法兼修抓好法治人才培养 励志勤学刻苦磨炼促进青年成长进步[N]. 人民日报,2017-05-04(01).

③ 在庆祝中国共产党成立95周年大会上的讲话[N]. 人民日报,2016-07-02(02).

复兴的时代重任。"①大学生应将个人理想、共产主义理想和中国特色社会主义理想相统一，保持在理想追求上的政治定力，为实现中华民族伟大复兴而奋斗。

二、弘扬社会主义道德

现阶段，中国特色社会主义进入新时代，这是近代以来中华民族发展的最好时代，也是实现中华民族伟大复兴的最关键时代。青年学生生逢其时，既要珍惜时代际遇和机缘，又要树立正确的价值取向，遵守社会主义道德，为实现中华民族伟大复兴的中国梦提供精神支持。

第一，遵守社会主义道德就是要继续坚定不移地高举中国特色社会主义伟大旗帜，牢固树立道路自信、理论自信、制度自信和文化自信。"举什么旗、走什么路"是一个关系全局的根本问题。网络技术的发展改变了大学生的生活模式与行为习惯，大学生"必须有很强的战略定力"，以应对网络空间庞杂的信息和多元价值观的冲击，清醒地认识到我们处于初级阶段的社会主义还面临很多没有弄清楚的问题和待解的难题。大学生需要认识到中国特色社会主义道路、中国特色社会主义理论、中国特色社会主义制度是党和人民近百年来奋斗、创造、积累的根本成就，必须倍加珍惜、始终坚持，推动社会主义事业的不断发展。

第二，遵守社会主义道德就是要弘扬以社会主义经济为基础，与社会主义的经济、政治、文化状况相适应的社会道德。网络空间是民众得以依赖的重要精神家园，网络空间的质量直接影响到整个民族的发展方向，如果网络空间生态良好，那么其与人民切身利益是相符合的；如果网络空间恶化，那么就不利于人民利益的有效实现。互联网虽然是虚拟空间，但是其在维护人与人之间的联系，承载民众的精神寄托上发挥着重要的作用。

---

①坚持中国特色社会主义教育发展道路 培养德智体美劳全面发展的社会主义建设者和接班人[N]. 人民日报，2018-09-11（01）.

虽然目前网络生态日益清朗，但由于网民素质参差不齐，仍然存在网络安全、网络暴力、网络谣言等诸多问题，快餐式、碎片化的信息获取方式，影响了大学生对爱国主义、集体主义、社会主义以及社会公德、家庭美德和职业道德的认同感。这就要求大学生不断学习网络道德、网络法律法规及网络礼仪，提高在网络空间中的道德选择与判断能力，能够理性认识并正确处理网络空间与现实生活之间的关系，营造风清气正的网络环境，在网络空间中形成良好的道德风尚。

第三，遵守社会主义道德就是要继承和发展中华民族优良传统。社会主义道德不能凭空产生，社会主义道德需要继承和弘扬中华民族的传统美德，将传统美德与时代精神相结合，使社会主义道德建设既体现优良传统，又反映时代特点，充满生机与活力。"中华民族有着深厚文化传统，形成了富有特色的思想体系，体现了中国人几千年来积累的知识智慧和理性思辨。这是我国的独特优势。中华文明延续着我们国家和民族的精神血脉，既需要薪火相传、代代守护，也需要与时俱进、推陈出新。"①大学生必须站在新时代的历史方位，提高中华民族的凝聚力、创造力、竞争力，成为努力践行社会主义道德的有为青年。

三、促进大学生德智体美劳全面发展

习近平总书记指出："在党的坚强领导下，全面贯彻党的教育方针，坚持马克思主义指导地位，坚持中国特色社会主义教育发展道路，坚持社会主义办学方向，立足基本国情，遵循教育规律，坚持改革创新，以凝聚人心、完善人格、开发人力、培育人才、造福人民为工作目标，培养德智体美劳全面发展的社会主义建设者和接班人。"②"德智体美劳全面发

①在哲学社会科学工作座谈会上的讲话[N]. 人民日报，2016-05-19（02）
②坚持中国特色社会主义教育发展道路 培养德智体美劳全面发展的社会主义建设者和接班人[N]. 人民日报，2018-09-11（01）.

展"是对马克思主义人的全面发展思想的继承和发展，这与我国社会主义教育的人才培养目标是一致的，回答了"培养什么样的人"这一问题。

德育和智育的培养是根本，这是由我国教育目标的政治属性决定的。就我国而言，党的每一代领导集体都对德育和智育的内容提出了要求。毛泽东提出又红又专的共产主义事业接班人的标准，邓小平提出培养"四有"新人的目标，党的十七大强调将"个人品德"纳入社会主义道德建设的领域，习近平高度重视对青年学生的思想政治素养的提升，注重"育新人"。概言之，就是要培养了解和认同中国特色社会主义的人，培养有意愿且有能力实现中华民族伟大复兴的人。

体育、美育和劳育是在具体人才培养目标的基础上规划出的对人才的素质结构与普遍性的要求。马克思在对资本主义的教育进行批判时，就强调了智育和体育与生产劳动相结合的问题，"未来教育对所有已满一定年龄的儿童来说，就是生产劳动同智育和体育相结合，它不仅是提高社会生产的一种方法，而且是造就全面发展的人的唯一方法"①。习近平总书记在全国教育大会上也强调，"要在增强综合素质上下功夫，教育引导学生培养综合能力，培养创新思维。要树立健康第一的教育理念，开齐开足体育课，帮助学生在体育锻炼中享受乐趣、增强体质、健全人格、锤炼意志。要全面加强和改进学校美育，坚持以美育人、以文化人，提高学生审美和人文素养。要在学生中弘扬劳动精神，教育引导学生崇尚劳动、尊重劳动，懂得劳动最光荣、劳动最崇高、劳动最伟大、劳动最美丽的道理，长大后能够辛勤劳动、诚实劳动、创造性劳动"②。

---

①马克思恩格斯文集：第9卷[M]. 北京：人民出版社，2009：339.
②坚持中国特色社会主义教育发展道路 培养德智体美劳全面发展的社会主义建设者和接班人[N]. 人民日报，2018-09-11（01）.

四、担当民族复兴大任的时代新人

党的十九大报告中首次提出了"培养担当民族复兴大任的时代新人"的命题，这不仅是培育和践行社会主义核心价值观的着眼点，也回答了中国特色社会主义新时代"培养什么人、怎样培养人、为谁培养人"的问题。一直以来，党和国家都高度重视人才培养工作，把"培养什么样的人"作为关系着党和国家前途命运的头等大事。培养担当民族复兴大任的时代新人是新时代我国教育的总体目标和方向。"青年一代有理想、有本领、有担当，国家就有前途、民族就有希望。"有理想、有本领、有担当这三方面体现了担当民族复兴大任的时代新人应具备的鲜明特征。青年应有本领，具有实干精神，在人生学习的黄金时期里打下坚实的知识基础，不断提升自身的素质与能力，用勤劳的双手去创造美好生活。青年应有担当，意识到自身肩负的国家与民族的责任，"中华民族伟大复兴，绝不是轻轻松松、敲锣打鼓就能实现的。全党必须准备付出更为艰巨、更为艰苦的努力"[1]，在为国为民的奋斗中实现自身的人生价值。

大学生作为担当民族复兴大任的主要群体，应具有完善的道德人格，将个人道德理想统一于国家富强、民族复兴和人民幸福的中国梦。马克思主义以实现人的全面发展和全人类解放为己任，作为担当民族复兴大任的大学生，应始终将共产主义的远大理想视为自身的道德使命。一个人的道德理想，并不是个人的主观意愿形成的，而是客观环境与主体需求、社会发展与个体发展之间交互作用的结果。社会主义核心价值观内在地规定了国家、社会、个人层面的理想目标，也为个人道德理想的确立提供了理论依据。以社会主义核心价值观为引领，构建社会、学校、家庭的立体化道德教育体系，才能确保担当民族复兴大任的时代新人对道德理想的认同与

---

①决胜全面建成小康社会　夺取新时代中国特色社会主义伟大胜利[N]. 人民日报，2017-10-19（02）.

内化。高校在培养担当民族复兴大任的时代新人时，应注重培养大学生自尊自信、理性平和、积极向上的社会心态，使大学生能够时刻保持积极奋进的状态，以从容的姿态面对挑战和机遇，用实践去实现民族复兴的伟大梦想。

第三节　大学生网络空间道德教育的原则

网络空间道德教育原则是在网络空间中开展道德教育必须遵循的准则，是网络空间道德教育规律与网络空间道德教育价值相结合而形成的。只有坚持网络空间道德教育原则，才能切实提高网络空间道德教育的实效性。

一、政治性与生活化相统一

对于一个国家而言，道德天然地具有政治属性。恩格斯指出："一切以往的道德论归根到底都是当时的社会经济状况的产物。"[①]各个阶级特定的社会实践方式和生活方式世代相传、不断积淀，就会形成反映特定阶级利益的道德原则、规范和评价体系，道德因此被打上了阶级的烙印。网络空间道德教育的政治性是由其性质、功能和内容决定的。网络空间道德教育的政治性虽然不能决定道德教育的内容，但却对道德起到支配和制约的作用。网络空间道德教育也反过来对政治产生积极的影响，能够为相应的政治服务，维护其正义性和合理性，同时排斥与之完全不同的政治制度，使得社会形成一个共同的思想观念、基本行为准则和道德评价标准。网络空间道德教育的政治性内容将成为大多数社会成员行为自律的准绳，从而在社会成员同心同德的基础上，实现社会局面的安定团结和社会秩序

---

① 马克思恩格斯选集：第3卷[M]. 北京：人民出版社，2012：471.

的稳定。网络空间道德教育作为一项关于网络意识形态和主流道德价值引导的教育活动，其旨在引导大学生遵德守法、文明互动、理性表达，自觉远离不良网站，防止网络沉迷，自觉维护良好的网络秩序。网络空间道德教育始终坚持正确的政治方向，坚持马克思主义道德、社会主义道德，倡导共产主义道德，以为人民服务为核心，以集体主义为原则，以爱祖国、爱人民、爱劳动、爱科学、爱社会主义为基本要求，始终坚持道德教育的社会主义方向。

网络空间道德教育的生活化是指选取网络空间与现实生活中的素材作为教育内容，将网络空间道德教育与大学生的现实生活紧密联系起来。网络空间道德教育过程就是生活过程，任何人的道德成长都源于对道德的认同和对生活的感悟。生活不仅仅是道德教育的出发点，也是道德教育最终要回归的地方。生活具有过程性的特点，是随着时间而不断变化的，网络空间道德教育内容也随着时间的变化而产生新的内容。"网络一经形成，就不只是一个信息交流空间，而且还是一个人们进行沟通和互动的场域，人们可以在其中开展社会生活，进行社会互动，而不只是交换信息、查阅资料。"①网络空间道德教育要以大学生的网络生活为载体，教育与学习都应从教育对象的实际生活出发，关注大学生在网络空间中的需要，让大学生通过讨论网络生活中的善恶价值与标准来确立正确的价值观念，为大学生的生活和行为实践提供知识与价值的指导。网络空间道德教育不仅要运用网络道德来规范大学生的网络行为，提供善恶评判和价值导向，而且还要对各种既有的网络道德规范本身进行好坏优劣的评判和取舍，以设计和整合系统化的、符合网络空间要求的道德规范体系。实现网络空间道德教育的政治性与生活化的统一，彰显了网络空间道德教育正确的政治方向，其将引导大学生忠于祖国和人民，培养大学生在网络空间中成为高尚

---

① 黄少华. 网络空间的社会行为：青少年网络行为研究[M]. 北京：人民出版社，2008：132.

的人、纯粹的人、有道德的人和有益于人民的人。

二、主导性与主体性相统一

网络空间道德教育中教师与学生之间关系的好坏，直接影响网络空间道德教育的效果。师生之间的关系经历了"教师中心"与"学生中心"的两极摇摆，再到"双主体"论的混沌不清，直到"教师主导，学生主体"原则的出现，而变得逐渐清晰。"就单个人来说，他的行动的一切动力，都一定要通过他的头脑，一定要转变为他的意志的动机，才能使他行动起来。"[①]人是有意识的类存在物，教师主导和学生主体都需要能动性才能发挥其作用。主导性是教师作为教学主体的能动性，主体性是学生作为学习主体的积极性与主动性的体现，两者交互作用，才能提升网络空间道德教育的实效性。"人的本质不是单个人所固有的抽象物，在其现实性上，它是一切社会关系的总和。"[②]教师与学生是现实存在的，是活生生地进行教学活动和学习活动的人，两者必然会发生不以他们意志为转移的关系。这种关系在教学过程中表现为物质、精神、语言的互动，是将自教与他教融为一体，实现"要我学"向"我要学"的转变。大学生作为教学发展的内因，离开了主体性学习，理论知识和价值方法将很难真正被大学生认可与内化，更不能实现由知到行的转变。教师作为教学发展的外因，离开了对网络空间道德教育的政治主导、价值引导、思想疏导和行为训导，将导致网络空间道德教育变成自发地、盲目地，甚至与主流价值背向而驰。因此，教师应充分尊重学生的主体地位，促进教与学的同频共振，才能提高网络空间道德教育的实效性。网络空间道德教育作为一种价值观的传递，其不是主体内部预先形成的结构，而是当主体在与外部世界相互作用时，产生了是非、善恶、美丑等道德标准。网络空间道德教育必须启发

---

①马克思恩格斯选集：第4卷[M]．北京：人民出版社，2012：258.
②马克思恩格斯选集：第1卷[M]．北京：人民出版社，2012：139.

大学生的主体意识，尊重大学生的主体地位，才能够激发大学生内在的对于道德标准的判断、认同与内化。

网络空间道德教育是让大学生通过道德认知、道德情感、道德意志和道德行为的递进式引导，促使大学生在知识传授、能力培养、价值观塑造等方面产生由他律向自律的转化，最终实现在网络空间中规范自身的道德行为。因此，教师的教育和引导具有不可替代的作用。网络空间拉近了教师与大学生之间的距离，大学生在网络空间中能够自由发表意见与看法，积极参与热门话题的讨论，发表自己独到的见解，充分发挥自身的主体性功能，成为网络空间道德教育的主角。大学生主体性的发挥，并不是弱化了教师的责任与要求，而是需要教师充分了解大学生的需求，引导大学生在观察问题、分析问题与解决问题的过程中，不断提升理论素养与思维能力，激发大学生的积极性、主动性和创造性，将主导性与主体性相结合，强化网络空间道德教育的效果。需要注意的是，教师应自觉做为学为人的表率，才能立足于大学生的成长需要，在突出大学生的主体地位的同时，发挥教师的主导作用，帮助大学生树立正确的世界观、人生观、价值观。

三、虚拟性与现实性相统一

网络空间打破了传统意义上的时空界限，实现了人类在网络虚拟环境中的生存。这种生存既包括现实生存，也包括虚拟生存，是两种生存方式的统一。在网络空间中，教育者和教育对象的生存方式也由现实社会与网络空间共同赋予。教育者在网络空间中具有双重身份，在同一时间和一定范围内，既承担现实教育责任，也承担虚拟教育责任。网络空间虽然具有一定的独立性，但它是依赖于现实社会存在的。因此，思想政治教育工作者所承担的虚拟教育责任和现实教育责任在某种程度上是统一的。但由于生存条件和环境的变化，使得思想政治教育工作者既要遵循现实社会的道德教育规律，又要服从网络空间中的道德教育规律，实现网络空间道德教育的虚拟性与现实性的辩证统一。作为教育对象的大学生，其在网络空间中也具有双重身份，他们既是现实社会中的受教育者，又是网络空间中的网民，在两者角色转换中，会产生价值观的冲突与混乱，加之网络空间中缺乏对道德行为的有效监管，使得大学生在缺乏他律的前提下，容易导致网络道德失范行为。思想政治教育工作者开展网络空间道德教育时，应充分考虑到大学生在网络空间与现实社会中的差异，有针对性地选择道德教育的内容和方法，促进大学生实现网络道德自律。现实社会中的道德目标、道德规范、道德约束、道德权利、道德义务和道德实践，需要适应网络技术环境，发展或生成新的技术化道德体系。思想政治教育工作者在开展网络空间道德教育时，应以现实社会道德教育内容为基础，并针对网络空间中特有的道德自律弱化、道德约束消隐、多元价值的侵蚀等特有现象，提出有针对性的网络空间道德教育内容。网络技术的发展，增进了网络空间道德教育载体的虚拟化进程，文字、图片、音频、视频等教育内容，通过微信、微博、今日头条、抖音、快手等平台，形成了巨大的传播矩阵，能够使教育内容呈几何式传播，并在每次关注、点赞、转载、评论中，实现教育内容的无限延展。网络空间道德教育载体的虚拟化，也在不断地丰富着现实道德教育的途径，教育手段的现代化增加了教育主客体在现实社会中的沟通与交流，使得道德教育无论是在现实社会还是在网络空间都更具活力。网络空间道德教育的虚拟性与现实性的辩证统一，能够更好地明确教育者的责任，使其根据教育对象的特点开展有针对性的教育活动，充分运用网络技术，增加道德教育的亲和力，从而提升网络空间道德教育的实效性。

四、显性教育与隐性教育相统一

网络空间道德教育是思想政治教育的重要组成部分，是帮助大学生在网络空间中旗帜鲜明地坚持马克思主义道德、社会主义道德，以主流价值建构自身的道德规范体系，做到明大德、守公德、严私德。长期以来，显性教育一直是我国思想政治教育的主要方式，尤其是以课堂教育为主渠道，为提高大学生的道德素养，培养社会主义建设者和接班人作出了重要贡献。任何教育都不能脱离历史传统和社会环境而存在。美国教育家卡扎米亚斯说过："即使在具有民主传统和声称民主之冠的国家，也必然要进行政治灌输和禁止异说，这是很实际的问题。"[①]在我国，坚持显性教育就是坚持马克思主义的立场、观点和方法，就是坚持课堂教学的主渠道。显性的网络空间道德教育具有强大的正面教育功能，通过鲜明的教育目标，向大学生传递科学的世界观、人生观、价值观，旗帜鲜明地为大学生提供分析与批判各种错误思想的基本方法，让大学生在网络空间中建构自身的道德价值体系。隐性教育作为显性教育的补充，具有独特的教育优势，通过把道德教育内容融入具体的教育教学或实践活动中，根据具体的情景采用多种教育资源与教育方法，使得网络空间道德教育更具趣味性，能够调动大学生参与网络空间道德教育活动的积极性和主动性。在显性教育中，教育目的是公开的，教育形式是鲜明的，教育者与教育对象之间的角色是固定的。大学生在一开始就接受了作为教育对象的角色设定，并基于以往的受教育经验，对教育形式和教育效果拥有某种消极的预期。然而，在隐性的网络空间道德教育中，教育对象时常处于无意识的学习状态，使得其教育体验明显减弱，从而降低抵触心理的产生概率，使道德教育具有润物无声的效果。隐性的网络空间道德教育不只是单纯的理论阐述，在教育内容的选择上也尽量避开了直接传授知识的环节，而是通过道德体验、实践、讨论，让大学生进行主动探索，增加了教育的趣味性，也激发了大学生的主体意识。隐性的网络空间道德教育具有更加丰富的教学资源，如将校园文化、社会实践、博物馆、广播、影视剧中的片段，甚至

---

①[美]卡扎米亚斯. 教育的传统与变革[M]. 福建师范大学教育系，等，译. 北京：文化教育出版社，1981：5.

将微博中的热搜话题融入网络空间道德教育内容，可极大限度地贴近大学生的生活世界，调动大学生的学习热情。

　　坚持显性教育与隐性教育相统一的教育原则，能够更好地发挥网络空间道德教育的优势，最大限度地提升教育效果。毛泽东指出："思想政治工作，各个部门都要负责任。共产党应该管，青年团应该管，政府主管部门应该管，学校的校长教师更应该管。"①网络空间道德教育应是各部门齐抓共管，不同部门在显性教育和隐性教育中承担不同的责任，形成全员育人、全程育人、全方位育人的德育机制。网络空间道德教育也要同各类课程同向同行，形成协同效应，构建良好的道德教育格局。在网络空间道德教育的实践中，应根据具体情况，选择显性教育多一点或是隐性教育多一点，做到因材施教、因势利导、因人而异地选择与调整教育方式，提升教育效果。"思想政治教育理论课教学是主渠道，而师生交往、专业课学习、学生社团、校园文化活动等则构成微循环。"②在对大学生开展网络空间道德教育时，也应激活微循环，激活隐性的网络空间道德教育，并使其与显性教育相结合，形成统一的教育长效机制，帮助大学生在网络空间中构建自身的道德体系，规范自身的网络道德行为。

①毛泽东文集：第7卷[M]. 北京：人民出版社，1999：226.
②刘建军. 论思想政治教育的主渠道与微循环[J]. 思想理论教育，2014（9）：57.

第五章

大学生网络空间道德教育的实践路径

网络空间道德教育是一项系统的工程，既需要丰富大学生道德教育内容，又需要增强高校道德教育的针对性。针对网络空间中大学生存在的道德问题，还需要政府提高网络空间治理水平，营造良好的社会道德环境。大学生网络空间道德教育离不开大学生的道德自律，因此，提高大学生的自我教育能力也至关重要。

第一节　丰富大学生道德教育内容

网络空间中道德教育内容是思想政治教育的重要组成部分。道德教育内容广泛地影响着大学生的思想观念和道德行为，因此，道德教育的内容必须是健康向上的。网络空间道德教育应为大学生提供正确的认知取向、价值取向和政治取向。思想政治教育工作者应通过新时代爱国主义教育、社会主义核心价值观教育、中华优秀传统文化教育、网络行为规范教育和网络意识形态安全教育等内容，来提高大学生对善恶、美丑、正义与否的辨别能力、选择能力和免疫能力，促使他们坚持社会主义道德信念，成为社会主义事业的建设者和接班人。

一、新时代爱国主义教育

"爱国主义是中华民族的民族心、民族魂，是中华民族最重要的精神财富，是中国人民和中华民族维护民族独立和民族尊严的强大精神动力。"①高校在开展新时代爱国主义教育时，应随着时代的发展而不断调整教育内容。"爱国主义的具体内容，看在什么样的历史条件之下来决定。"②高校在网络空间中开展爱国主义教育时，应丰富爱国主义教育内涵，不断提高网络空间道德教育的实效性。

第一，增加爱国主义教育议题的吸引力。议题在一定程度上决定了教育内容的走向与要表达的核心思想，因而会影响大学生的思想动向、价值取向和行动方向。在网络空间中，爱国主义议题应紧紧围绕习近平新时代中国特色社会主义思想、中国特色社会主义和中国梦教育、国情教育和形势政策教育、民族精神和时代精神教育、党史国史改革开放史教育、祖国统一和民族团结进步教育、国家安全教育和国防教育等内容。密切关注国内外大事和社会热点问题，以高度的政治敏锐性来吸引大学生的关注，引发他们的阅读兴趣和讨论热情，扩大议题内容对大学生的正面影响。在选择爱国主义议题时，应集中力量针对网络空间中出现的某些将爱国主义污名化，将爱国与爱党、爱社会主义对立起来，将爱国主义等同于极端民族主义、民粹主义的错误思想，进行全方位的梳理与分析，在基于事实、尊重理性逻辑、历史辩证的基础上看待问题，揭示这些错误思想的片面性、蛊惑性和煽动性。大学生通过对比与分析，深化对新时代爱国主义精神的理解，能够运用批判性思维去分析问题，抵御错误思想的侵蚀，自觉将爱国主义视为自身的坚定信念和精神力量。

第二，深化爱国主义话语的感染力。在网络空间中，深化爱国主义话语的感染力，就是要争夺网络意识形态的主导权，其实质就是影响网民思想的主导权。网络空间道德教育的话语应适当地增加政治话语的温度，采取更接地气的表达方式，运用网络流行语中的有益元素，提升爱国主义

---

① 新时代爱国主义教育实施纲要[EB/OL]. http://www.gov.cn/zhengce/2019-11/12/content_5451352.htm. 政府网，2020-02-07，12：01.

② 毛泽东选集：第2卷[M]. 北京：人民出版社，1991：520.

话语的亲和力和趣味性，扩大爱国主义教育内容在网络空间中的影响力。网络道德话语的表达方式也应不断更新，思想政治教育工作者应把握网络话语传播规律和大学生的接受心理，运用大学生喜闻乐见的网络话语和符号，来增加网络话语的感染力和说服力。

第三，增强爱国主义教育的视觉冲击力。在网络空间中，爱国主义内容通过文字、图片、符号、语言、视频、动漫等具有强烈视觉听觉冲击性特征的话语表达，抒发着厚重的爱国情感。无论是吴谦大校告慰周恩来总理的那句"这盛世，如您所愿"，或是彰显了中国发展与成就的纪录片《厉害了，我的国》，还是爱国题材的电影《战狼》《红海行动》等，都以强烈的视觉听觉冲击引发大学生的围观，使其在短时间内被不断地编辑与转发。这些内容在每次点击与传播中，都会形成新的内涵，产生更加浓厚的爱国情怀。思想政治教育工作者应充分挖掘网络空间中的爱国主义资源，不断提升自身的媒介素养，打破网络空间道德教育内容创作的技术壁垒，采取更加生动、活泼的表达方式与表现形式，在图文并茂中增强网络空间道德教育内容的视觉冲击力、情感震撼力和思想感染力。

第四，提升爱国主义形象的感召力。亚里士多德认为："演说者要使人信服，须具有三种品质……它们是见识，美德和好意。"①思想政治教育工作者应在网上亮明身份，自觉践行爱国主义精神，才能对大学生爱国主义情感产生积极、正向的影响。网络空间道德教育内容应充分运用爱国主义的经典形象，赋予这些榜样形象、个体形象和群体形象新的时代内涵。无论是雷锋精神、长征精神、井冈山精神等革命时期的爱国主义精神，还是奥运精神、女排精神、航天精神等新时代爱国主义精神，其皆以生动的典型和感人的形象，抒写着网络爱国主义的最强音。

---

① [古希腊]亚里士多德. 修辞学[M]. 罗念生，译. 北京：生活·读书·新知三联书店，1991：76.

二、社会主义核心价值观教育

网络空间是多种价值观之间碰撞、交流、交锋和整合的场所，不同的价值观念冲击着人们的思想，影响着人们的价值取向和网络实践。"核心价值观，其实就是一种德，既是个人的德，也是一种大德，就是国家的德、社会的德。国无德不兴，人无德不立。如果一个民族、一个国家没有共同的核心价值观，莫衷一是，行无依归，那这个民族、这个国家就无法前进。"①社会主义核心价值观作为网络空间中的主导价值标准，是衡量大学生价值行为的重要标准和依据。在网络空间中，对大学生进行社会主义核心价值观教育，就是要教育与引导大学生树立国家维度、社会维度和个人维度的价值观念，使其能够正确处理自我价值与社会价值、个人利益与集体利益之间的关系，判断各种网络信息的价值倾向，自觉抵制错误价值观的侵蚀，强化自身对网络道德的认同，构建自身的网络道德规范，引导良好的网络道德实践。

第一，巩固社会主义核心价值观在网络思潮中的主导地位。改革开放以来，随着政治、经济、文化等各个领域的深刻变革，在思想领域中，人们的价值观念、社会认同、理想信念等方面也随之发生变化。网络空间的开放性、包容性和去中心化的特点，使得社会主义核心价值观在思想领域中的主导地位受到冲击和影响。"掌握网络意识形态主导权，就是守护国家主权和政权。"②思想政治教育工作者在开展社会主义核心价值观教育时，应主动聚焦热点问题与争议话题，通过与错误思想的交锋与博弈，揭露西方错误思想的虚伪及其实质，凸显和证明社会主义核心价值观的科学性与先进性，促进大学生自觉抵御西方错误思想的侵蚀。

---

①青年要自觉践行社会主义核心价值观[N]. 人民日报，2014-05-05（02）.

②中共中央宣传部编. 习近平新时代中国特色社会主义思想三十讲[M]. 北京：学习出版社，2018：216.

第二，增强社会主义核心价值观话语的亲和力。在网络空间中，社会主义核心价值观话语和西方霸权话语的博弈、理论话语与生活话语的碰撞、政治话语与娱乐话语的冲击，造成了网络空间中多重话语的交锋格局。社会主义核心价值观话语应在政治立场与人文关怀相统一、真理追求和生命关切相融合的基础上，以多样化、人格化和生活化的表达，提高大学生的政治站位，增强他们的政治定力，在意识形态领域中坚定马克思主义信仰，厚植爱国主义情怀。

第三，倡导大学生自觉践行社会主义核心价值观。"一种价值观要真正发挥作用，必须融入社会生活，让人们在实践中感知它、领悟它。要注意把我们所提倡的与人们日常生活紧密联系起来，在落细、落小、落实上下功夫。"[1]开展社会主义核心价值观教育，就是要弘扬"天下兴亡，匹夫有责"的爱国精神，赋予大学生在网络空间中应肩负的使命；树立"善学者能，多能者成"的敬业作风，把握人生出彩的机会；倡导"人无信不立"的诚信品质，做到诚实待人、信守承诺；开展"与人为善，取人为善"的友善态度，在网络空间中形成和谐的人际关系。

三、中华优秀传统文化教育

党的十八大以来，以习近平同志为核心的党中央高度重视中华优秀传统文化的传承和发展，提出优秀传统文化是中华民族的精神命脉，是最深厚的文化软实力的体现。"优秀传统文化是一个国家、一个民族传承和发展的根本，如果丢掉了，就割断了精神命脉。我们要善于把弘扬优秀传统文化和发展现实文化有机统一起来，紧密结合起来，在继承中发展，在发展中继承。"[2]在网络空间道德教育内容中，中华优秀传统文化占了相当

---

①习近平谈治国理政：第1卷[M]．北京：外文出版社，2014：165．
②在纪念孔子诞辰2565周年国际学术研讨会暨国际儒学联合会第五届会员大会开幕会上的讲话[N]．人民日报，2014-09-25（02）．

大的比重，提供了丰富的素材，对大学生正确的世界观、人生观、价值观的形成提供了有益借鉴。习近平在哲学社会科学工作座谈会上指出："要加强对中华优秀传统文化的挖掘和阐发，使中华民族最基本的文化基因与当代文化相适应、与现代社会相协调，把跨越时空、超越国界、富有永恒魅力、具有当代价值的文化精神弘扬起来。"①

在网络空间中，对大学生进行中华优秀传统文化教育时，应着重培养大学生的家国情怀，增强大学生的民族自豪感和社会责任感。无论是"天行健，君子以自强不息"，孔子提出的"三军可夺帅也，匹夫不可夺志也"，还是孟子提出的"我善养吾浩然之气"，都在颂扬中华民族自立自强、刚正坚毅的民族精神。孔子等先贤哲人都提倡有志有德之人，追求"无求生以害仁，有杀身以成仁"的精神境界。无论是顾炎武的"天下兴亡，匹夫有责"，还是林则徐的"苟利国家生死以，岂因祸福避趋之"，都强调在个人与国家关系上，面对国家兴亡无数仁人志士都选择了为国家奉献的宝贵精神。这种深厚的爱国情怀，也能感染大学生将个人理想与国家荣辱联系在一起，自觉肩负建设社会主义强国的责任与使命。

在网络空间中，对大学生进行中华优秀传统文化教育时，应引导大学生不断完善与提高自身的道德修为。"见贤思齐焉，见不贤而内自省也。"一个人只有通过不断地自省，才能形成良好的品格。"万物皆备于我矣。反身而诚，乐莫大焉。"人可以通过自身的内在修养而达到道德的完善与提高。"莫见乎隐，莫显乎微，故君子慎其独也。"慎独与自省是君子加强道德修养的重要方法，人只有在无人监督的情况下，依旧遵守一定的道德规范，并且不断反思自身的言行，才能拥有高尚品德与道德情操。因此，对大学生进行优秀传统文化教育，需要让大学生从这些优秀传

---

①在哲学社会科学工作座谈会上的讲话[N]. 人民日报，2016-05-19（02）.

统文化中汲取养分，将道德教化与道德自觉进行有机结合，让大学生自发地为提高道德品性、提升道德境界而努力。

在网络空间中，对大学生进行中华优秀传统文化教育时，应帮助大学生树立高尚的道德价值观。"诚"与"信"在中华优秀传统文化中具有非常重要的地位。"是故诚者，天之道也；思诚者，人之道也。"孟子将"诚"视为一种自然的规律，认为追求诚信是做人的基本准则。"诚者，真实无妄之谓，天之道也。"朱熹认为，诚实是一种真实不欺的美德。"信"与"诚"是一种相通的品格。"老者安之，朋友信之，少者怀之。"孔子希望晚年安享幸福，朋友之间能够相互信任，年轻弟子也要胸怀大志，做到言必行，行必果。在孔子看来，"信"是一个人立身处世的根本原则。守信用、讲信义能够帮助大学生树立诚信的道德观，建立相互信任与尊重的良性人际关系。

中共中央办公厅印发的《关于实施中华优秀传统文化传承发展工程的意见》，从宏观视角阐释了传承中华优秀传统文化对现阶段我国文化建设以及大学生思想政治教育的重要性。中华优秀传统文化是社会主义核心价值观的重要来源，为大学生道德品质的形成提供了理论支撑。我国优秀传统文化在几千年的文化发展积淀中，已形成了自身的德行、智慧和力量，自强不息、厚德载物的进取精神，培养了中华民族的道德自觉，造就了许许多多品质高尚的道德典范，提炼出了"修己慎独"道德自律的最高境界。其中包括"先天下之忧而忧，后天下之乐而乐"的责任感、"舍生取义"的气节追求、"己所不欲，勿施于人"的同理心、"博施于民，而能济众"的仁爱精神等。在网络空间中，将中华优秀传统文化与大学生网络空间道德教育有效融合，能够促进中华优秀传统文化的传承与发展，更有助于大学生在网络空间中形成正确的世界观、人生观、价值观。

四、网络行为规范教育

随着网络技术的不断发展，网络空间已经成为大学生的一种新的社会生活场域，对大学生进行网络行为规范教育，有助于网络空间文明秩序的建立，也有助于大学生在网络空间中的健康成长。网络行为规范教育是最直接的网络空间道德教育内容，通过明确、有规则的网络道德规范，增强大学生对网络行为的理解，并将这些行为规范内化为自身的行为准则。在对大学生进行网络行为规范教育时，应根据大学生的年龄与认知水平，制定层次分明、轻重适宜的道德行为规范，从最低的底线要求到维持网络空间一般文明水准的基准要求，最后升华为对网络空间文明建设的责任担当，使其成为网络空间秩序的建构者与维护者。

第一，坚守网络行为规范的底线。网络行为规范的底线教育是规定大学生行为规范的底线，明确大学生在网络空间中不能做什么，能够进一步增强大学生对网络道德行为规范的理解，促使他们熟知已有的网络规范和法律，并运用"底线思维"在网络空间中约束自身的行为。

第二，明确网络行为规范的基本准则。在对大学生进行网络行为规范教育时，需要将现实社会的道德监督和伦理约束引入网络空间。网络空间并不是独立于现实世界之外的虚拟空间，网络空间是对现实世界的延伸。大学生在网络空间中应学会"换位思考"，要意识到自身的网络行为可能会给他人带来的影响与伤害，做到"己所不欲，勿施于人"。大学生在网络空间中要讲诚信、守规矩，自觉维护网络空间的公共秩序、服从集体性的全局利益，在网络空间中形成良好的道德行为习惯。

第三，肩负净化网络空间环境的责任。大学生需要为自身在网络空间中的行为结果负责，如果由于网络行为主体的不道德行为，使得网络空间处在信息污染的环境下，那么最大的受害者是网络行为者自身。"网络赋予个人强大的权力——能够赢得全世界的观众，能够获取关于任何东西的信息。但是随着运用或滥用权力的本领的日益强大，个人需要为他们自己的行为以及他们所创造的世界担负起更大的责任。"①大学生需要明确自身肩负的建设网络空间环境的责任，确保自身在网络空间中发表言论的规范性、网络道德行为的自律性等，从"不尽责就是为恶"的高度去思考自身的网络行为，自觉与网络空间失范行为做斗争。

五、网络意识形态安全教育

意识形态工作是党和国家的一项极端重要的工作。网络空间已经成为各种思潮竞相争夺的重要领域，已成为意识形态工作的主战场。"互联网活动能量和规模远远超出了世人想象。在互联网这个战场上，我们能否顶得住、打得赢，直接关系我国意识形态安全和政权安全。"②大学生作为网络空间中最活跃的群体，也是被敌对势力进行意识形态渗透的重要对象。在网络空间中，开展网络意识形态安全教育，应提升大学生对网络安全的风险意识和应对能力，做到敢于担当、主动作为，自觉维护我国网络意识形态安全，推动互联网这个"最大变量"释放"最大正能量"。

第一，加强网络法律法规教育，坚守网络行为的法律底线。目前，我国已颁布《中华人民共和国网络安全法》《互联网信息服务管理条例》等法律法规，并在不断加强网络意识形态宣传的法治化建设。对于那些亵渎和侮辱历史、恶意造谣、亵渎民族感情、歪曲国家政策、丑化英雄形象和国家领导人等的行为，将依据《中华人民共和国治安管理处罚法》《中华人民共和国英雄烈士保护法》作出相应的处罚。在网络空间中，开展意识形态安全教育时，应注重网络法律法规内容的讲授，帮助大学生树立正确

---

①[美]埃瑟·戴森. 2.0版数字化时代的生活设计[M]. 胡泳，范海燕，译. 海口：海南出版社，1998：18.

②中共中央党史和文献研究院.习近平关于总体国家安全观论述摘编[M]. 北京：中央文献出版社，2018：103.

的网络法治观念，做到依法上网，自觉遵纪守法，不断增强自身的法律意识，坚守法律底线。

第二，丰富网络意识形态安全的教育内容。网络意识形态安全教育内容应不断更新主流媒体的网络正能量事例与典范，对网上的负面言论和敌对势力制造的舆论内容进行坚决回击，在博弈中彰显马克思主义理论的科学性，促使大学生将网络意识形态安全入心入脑。网络意识形态安全教育必须坚持马克思主义理论在意识形态领域的主导地位，提高大学生对主流意识形态的认同，始终把握正确的政治方向和思想定力，自觉抵制西方错误思想对大学生的侵蚀和影响。网络意识形态安全教育内容在坚持政治性的基础上，应结合网络空间中大学生的特点，将抽象的理论具体化、复杂的道德浅显化、艰涩的语言形象化，不断推进教育内容的大众化。网络意识形态安全教育工作者要顺应网络空间的发展与变化，推进网络意识形态安全教育的优秀成果数字化，为大学生提供喜闻乐见的教育内容，通过文字、图片、音频、视频等表达方式，借助"学习强国"等网络平台，让大学生主动接受网络意识形态安全教育，自觉抵御西方意识形态的渗透，共建高校网络意识形态安全新格局。

第二节　增强高校道德教育的针对性

高校作为大学生思想政治教育的主阵地，要适应时代的需求和大学生网络行为特点，发挥思想政治理论课的主渠道作用，打造具有高尚道德情操的师资队伍，营造风清气正的校园文化，切实增强高校道德教育的针对性。

一、发挥思想政治理论课的主渠道作用

"办中国特色社会主义教育，就是要理直气壮开好思政课，用新时代

中国特色社会主义思想铸魂育人，引导学生增强中国特色社会主义道路自信、理论自信、制度自信、文化自信，厚植爱国主义情怀，把爱国情、强国志、报国行自觉融入坚持和发展中国特色社会主义事业、建设社会主义现代化强国、实现中华民族伟大复兴的奋斗之中。"①大学生是国家的希望，是民族的未来，是实现中华民族伟大复兴和"两个一百年"奋斗目标的主力军。思想政治教育理论课应充分发挥教育的主渠道作用，将大学生培养成为德智体美劳全面发展的社会主义建设者和接班人。

第一，发挥思想政治理论课在价值引领中的主阵地作用。思想政治理论课以"巩固马克思主义在意识形态的指导地位"和"积极培育践行社会主义核心价值观"为重要内容，引导大学生正视自身应担负的时代责任与历史使命。思想政治理论课应加强理想信念教育，通过梳理中国特色社会主义建设的历史逻辑、理论逻辑和实践逻辑，使大学生增强对社会主义的道路自信、理论自信、制度自信和文化自信。通过思想政治教育，激发大学生积极面对社会变革，用家国情怀和世界眼光去不断增强自身本领。思想政治理论课最核心的部分就是引导大学生认识自己、认识他人、认识社会，通过思想道德素质与法制素养的教育，来规范和调节大学生自身的行为。思想政治理论课通过深入回答新的历史方位、时代课题和思想成果等重大问题，旗帜鲜明地反对和抵御各种错误观点，通过正确的价值引领，培养大学生成为走在时代前列的奋进者、开拓者和奉献者。教学要做到理论联系实际，强化问题导向，引导学生明辨是非。思想政治理论课必须解决理论与实际的脱节问题，教师要关注学科前沿，把握重点、难点和关注点，还要切实关注大学生的思想动态。教师应对大学生思想中存在的一些困惑问题，有针对性地进行教育引导，并及时引入与课程内容相关联的舆论焦点与社会热点，进而作出实事求是的分析，做到以理服人，培养大学

---

①用新时代中国特色社会主义思想铸魂育人 贯彻党的教育方针落实立德树人根本任务[N]. 人民日报，2019-03-19（01）.

生关注国家、社会大事，提高大学生的社会责任感与使命感。

第二，推动思想政治理论课改革创新。思想政治理论课的改革创新意味着"不立不破"。"立"就是要始终坚持思想政治理论课的政治性和社会主义意识形态性，不论如何创新，思想政治理论课都应始终保持政治性和学理性相统一、价值性和知识性相统一的原则，坚持党的领导，全面贯彻党的教育方针，用习近平新时代中国特色社会主义思想铸魂育人。"破"就是要立足新的历史形势和社会变革，与社会主义现代化建设同频共振，并且着眼于大学生的思想实际和需求，积极回应社会热点问题，充分运用现代化教育手段，着重解答大学生在成长发展与学习过程中的困惑。思想政治理论课教师应积极探索教学方法的创新，结合理论研究、历史研究、影视作品、文学作品、动漫短片等形式，充分调动大学生主动参与课堂教学活动的积极性，并借助新媒体技术，丰富网络思想政治教育资源，运用网络传播正能量，弘扬主旋律。

第三，促进思想政治理论课与各类课程的同向同行。思想政治理论课是落实立德树人的关键课程，实现立德树人是一项综合性的事业，需要思想政治理论课与各类课程同向同行，形成协同育人新格局。实现各类课程的协同育人功能，就应充分挖掘其中的思想政治教育资源，将专业知识与思想政治教育联系起来，推进课程思政建设，把做人做事的基本道德、社会主义核心价值观的要求与实现民族复兴的理想和责任融入各类课程教学之中。

二、打造具有高尚道德情操的师资队伍

"办好思想政治理论课关键在教师，关键在发挥教师的积极性、主动性、创造性。"[1]习近平总书记特别重视教师队伍建设，将"教师队伍

---

[1]用新时代中国特色社会主义思想铸魂育人　贯彻党的教育方针落实立德树人根本任务[N]. 人民日报，2019-03-19（01）.

建设作为基础工作"视为党的教育发展规律，强调教师的"三传三塑"，即"传播知识、传播思想、传播真理，塑造灵魂、塑造生命、塑造新人"①。习近平总书记在2019年思想政治理论课教师座谈会上，针对思想政治理论课教师提出了六点要求，即"政治要强，情怀要深，思维要新，视野要广，自律要严，人格要正"②，为建设具有高尚道德情操的师资队伍指明了发展方向。

第一，加强师德修养，提高教师的道德品质。师德是教师素质的核心内容，尤其是思想政治理论课教师更需要具备高尚的道德情操。荀子在《劝学》中提到："故不积跬步，无以至千里；不积小流，无以成江海。"教师在日常生活中，应不断锤炼自身的品德修养，做到以德育人。教师的工作本质就是通过教育活动，对大学生产生积极影响。这就需要教师以社会主义核心价值观为引领，承担自身的道德责任，严守道德追求，在当前社会价值多元化、道德失范的环境下做道德的倡导者和示范者，做到"为人师表""身正为范"。

第二，加强党性修养，提高教师的思想政治素质。思想政治教育需要大学生用马克思主义中国化的最新理论成果武装头脑，"只有真正弄懂了马克思主义，才能在揭示共产党执政规律、社会主义建设规律、人类社会发展规律上不断有所发现、有所创造，才能更好识别各种唯心主义观点、更好抵御各种历史虚无主义谬论"③。教师应站在更高的角度去认识思想政治理论课的重要性，对马克思主义理论做到真讲、真信、真做，用深厚的理论功底去赢得学生，用真理的力量去感召学生，用高尚的人格去引领学生。

---

①坚持中国特色社会主义教育发展道路 培养德智体美劳全面发展的社会主义建设者和接班人[N]. 人民日报，2018-09-11（01）.

②用新时代中国特色社会主义思想铸魂育人 贯彻党的教育方针落实立德树人根本任务[N]. 人民日报，2019-03-19（01）.

③在哲学社会科学工作座谈会上的讲话[N]. 人民日报，2016-05-19（02）.

第三，加强理论研究，提高教师的理论素质。"传道者自己首先要明道、信道。高校教师要坚持教育者先受教育，努力成为先进思想文化的传播者、党执政的坚定支持者，更好担起学生健康成长指导者和引路人的责任。"①增强思想政治理论课思想性的关键就在于教师对于教学内容的研究与把握，教师应做到"视野要广，有知识视野、国际视野、历史视野。通过生动、深入、具体的纵横比较，把一些道理讲明白、讲清楚"②。马克思主义理论是随着时代的发展而不断发展的，思想政治理论课教师只有深入掌握、全面吃透马克思主义基本理论，才能将马克思主义基本原理讲深、讲透。教师应做好从教材体系向教学体系的转化，教材是纲，但在教学中不能照本宣科，必须把教材内容转化为学生喜闻乐见的话语，把理论与实践结合起来，对学生进行有针对性的引导和解答。教师还应加强对教学重点难点问题的研究，为开展网络空间道德教育提供理论支撑。

三、营造风清气正的校园文化

校园文化活动是开展思想政治教育的重要载体，将"以文化人"融入校园文化活动，让大学生在实践活动中塑造积极向上的精神面貌。习近平总书记在全国高校思想政治工作会议上强调："要更加注重以文化人以文育人，广泛开展文明校园创建，开展形式多样、健康向上、格调高雅的校园文化活动，广泛开展各类社会实践。"③

第一，建设网上网下协同育人平台。传统的思想政治教育以思想政治理论课为教育的主渠道，并以辅导员、班导师、相关行政人员对大学生

①把思想政治工作贯穿教育教学全过程　开创我国高等教育事业发展新局面[N]. 人民日报，2016-12-09（01）.

②用新时代中国特色社会主义思想铸魂育人　贯彻党的教育方针落实立德树人根本任务[N]. 人民日报，2019- 03-19（01）.

③把思想政治工作贯穿教育教学全过程　开创我国高等教育事业发展新局面[N]. 人民日报，2016-12-09（01）.

进行日常的思想政治教育引导，依托于班级和教室，以课堂教学、集体活动、社会实践为主要教育形式的相对封闭的教育模式。随着信息技术的不断发展，网络空间对大学生的思想观念、价值取向、政治认同已经产生深远的影响，高校思想政治工作需要不断地适应与融入网络空间，积极开展网络育人活动，探索网上网下协同育人的新格局。2017年，中共教育部党组印发《高校思想政治工作质量提升工程实施纲要》，首次将网络育人纳入十大育人体系中，强调要充分发挥高校网络育人的作用。网上网下协同育人的新模式能够及时更新思想政治教育内容，注重理论联系实际，增加教育者与教育对象之间的交流和互动，有利于教育者及时掌握受教育者的思想动态，打造信息发布、工作交流和数据分析的平台，实现高校思想政治工作的信息管理系统共建与资源互享，增强思想政治教育的效果。

第二，开展丰富的校园文化活动。高校应"注重发挥校园文化的熏陶作用，加强学校报刊、广播电视、网络建设，完善校园文化活动设施，重视校园人文环境培育和周边环境整治，建设体现社会主义特点、时代特征、学校特色的校园文化"①。高校在开展校园文化活动时，应发挥团学组织优势，围绕学术、文化、艺术、公益服务等主题，开展积极向上的校园文化活动，组织丰富多彩的课外体育活动，将体育、德育、智育、美育进行有机结合，将思想政治教育蕴藏在文化活动之中。高校应强化文明校园的创建与维护，强化校训、校歌的育人功能，以宿舍、班级、学院为抓手，营造良好的校风和学风。社团应发挥其组织与教育功能，通过汇报会、研讨会、讲座、读书会等形式开展教育实践活动，通过丰富多样的校园文化活动，达到"润物无声"的育人效果。

第三，发挥网络文化的育人功能。高校在推进网络文化育人工作时，应始终坚持以立德树人作为立身之本，推进党委领导和行政建设协同，任

①中共中央办公厅印发《关于培育和践行社会主义核心价值观的意见》[N]. 人民日报，2013-12-24（01）.

课教师与辅导员协同，朋辈教育者与网络评论员协同，发挥网络文化的育人功能。网络空间中各种文化与思潮并存，是意识形态领域争夺的最前沿，这就需要用优质的网络文化精品来加强对大学生的思想引领和价值引导。由教育部思想政治工作司、国家互联网信息办公室网络社会工作局联合举办的"全国大学生网络文化艺术节"，对培养大学生的社会主义核心价值观、弘扬中国梦起到了推动作用。清华大学的"雨课堂"智慧教学工具，利用互联网使上课变得更加有趣、回答问题更加便捷、互动更加多样化，为大学生营造了积极健康的网络文化氛围。

第三节　提高政府网络空间的治理水平

网络空间应是有法可依的活动场域，通过加强网络法律法规建设，提高政府网络治理能力和水平，落实对互联网企业的监管力度，才能切实提高政府在网络空间中的治理水平。

一、加强网络法律法规建设

网络空间作为社会存在的新领域，既是依托于技术性力量而构建的虚拟空间，也是现实社会多种关系、实践、利益等在网络空间中的延伸和发展。"网络空间同现实社会一样，既要提倡自由，也要保持秩序。自由是秩序的目的，秩序是自由的保障。"[①]构建良好的网络秩序，关键在于建章立制、依法治理，这也是全面依法治国，推进国家治理体系和治理能力现代化的内在要求。政府在维护网络秩序中应起到主导作用，秉承法治思维，运用法治手段，依法建构良好的网络秩序。

第一，加快网络立法进程。"推进科学立法、民主立法，是提高立法

①在第二届世界互联网大会开幕式上的讲话[N].人民日报，2015-12-17（02）.

质量的根本途径。"[①]在网络空间中，实现科学立法就是要处理好公共利益与个人利益，市场、技术和制度之间的关系，在立法前的事前审查与立法过程中的合宪性审查是确保立法过程的合理性和合法性的唯一途径。网络立法的民主性，需要遵从"人民的利益是最高法律"的原则，注重对私人权利的保护，力求实现公共权利与私人权利的平衡发展。网络立法机关应采取民主的方式开展立法工作，注重广泛听取社会组织和社会公众的意见，确保立法活动的民主性。2016年7月，由中共中央办公厅印发的《国家信息化发展战略纲要》指出："以网络立法为重点，加快建立以促进信息化发展和强化网络安全管理为目标，涵盖网络基础设施、网络服务提供者、网络用户、网络信息等对象的法律、行政法规框架。"[②]立法部门还应根据网络空间的实际情况和需要，进行科学立法规划，坚持急用先行，加快出台急需的法律法规和规范性文件，并进一步完善司法解释，推动现有法律延伸适用到网络空间。

第二，严格执法，运用法律手段维护网络秩序。法律的尊严在于实施，各级政府作为网络空间治理的第一责任人，应明确权责划分，加快监管体制的法治化进程，为维护网络秩序奠定制度基础。2017年6月，《中华人民共和国网络安全法》正式实施，该法以维护网络空间主权和国家安全、社会公共利益，保护公民、法人、其他组织的合法权益为目标，为网络空间治理提供了法律指导与管理方向。中宣部也成立了网络游戏道德委员会，引导网络游戏企业履行社会责任，已责成运营单位整改20余款游戏，对违法、违规的信息产品、活动、企业、组织、个人予以惩戒，通过刚性的执法手段，构建清朗的网络空间秩序。2020年3月1日起施行的《网

---

①关于《中共中央关于全面推进依法治国若干重大问题的决定》的说明[N]. 人民日报，2014-10-29（02）.

②中共中央办公厅国务院办公厅印发《国家信息化发展战略纲要》[EB/OL]. http://www.gov.cn/xinwen/2016-07-27/content_5095336.htm，政府网，2020-03-01，10：49.

络信息内容生态治理规定》明确指出，网络信息内容服务使用者和生产者以及平台，不得开展网络暴力、"人肉搜索"、深度伪造、流量造假、操纵账号等违法活动。国家网信部门、电信主管部门、公安部门及其他机关也应积极配合，确保网络空间法治化的有序推进。

第三，加强社会协作，共建共享网络空间治理格局。网络空间法治秩序的建立应坚持以政府为主导，其他各部门协同配合，以及网络运营商、服务商、网民在内的所有网络空间主体的共同参与，形成治理合力。政府作为执法者应主动作为，以执法必严、违法必究的工作作风与态度，维护网络法治秩序。互联网企业、行业机构、网络媒体与网民应充分发挥自身的监督职能，加强对网络道德失范行为的监督和对网络违法行为的举报，形成共建共享的治理局面，让网络失范与违法行为无处遁形。

第四，加强技术手段的研发与应用，为网络空间法治秩序的建构提供技术支持。网络技术的发展像一把"双刃剑"，既给网民的虚拟生活带来了极大的便利，也为违法犯罪者带来了谋取私利的破坏性工具。网络空间法治秩序的进程，需要加强信息安全的管理能力，不断地研发与迭代用于杀毒或增加信息系统对于病毒的"免疫力"的软件，对公众信息和保密信息实施不同的安全策略与多级别保护的模式，不给违法犯罪分子可乘之机。

二、提高政府网络治理效能

互联网的普及和信息技术的广泛应用，在促进信息交流、社会发展的同时，也带来了色情、反动、虚假、侵权、恐怖主义等信息，使得网络空间中容易出现无政府主义和非理性暴力事件。面对网络信息安全的威胁，政府应通过网络治理来维护国家政治、经济、文化安全与稳定发展，加强网络空间的外部监管能力，防止出现网络道德失范行为，让网民在遵守网络秩序的前提下实现网络行为自由。

第一，行政管理手段与柔性疏导相结合，充分发挥堵不如疏的治理策略。政府部门的强制干预手段在我国的网络信息治理中起到了非常重要的作用，我国自启动"防火长城"工程以来，对于防火墙、加密、过滤、身份认证、数字签名等技术进行了严密控制，使得政府成为网络信息监管的绝对主力，但却在一定程度上弱化了行业自律的作用。政府无法对数量繁多的网络信息进行逐一监管与筛查，这不仅会耗费大量的行政资源，也会引起社会各界的强烈抵制。政府在网民心中营造出被监管的心理氛围的同时，在强制管理手段的基础上增加柔性内容，加大力度宣传网络法治教育，让网络行为主体清晰地意识到网络雷区的边界与制裁手段，并定期对互联网企业和个人进行抽查，在各大门户网站上增添"网警"标识，使互联网企业管理者与网民形成违法必究的意识，使其自觉遵守网络空间的相关法律法规。

第二，技术控制手段与德性善治相结合，充分发挥企业的道德责任。通过网络技术手段来控制网络信息，已经成为政府网络治理的常态化行为。但是，技术本身的无倾向性决定了技术控制的缺陷，在网络技术如此发达的今天，仍然存在各类型的网络违法犯罪活动，这也促使人们开始思考德性善治在网络治理中的重要价值。在我国，网络空间的德性善治具有良好的实践基础，互联网协会颁布的《中国互联网行业自律公约》和《文明上网自律公约》已成为互联网行业工作人员与广大网民认可的网络道德标准。在推进网络德性善治工作时，应考虑创建网络信用档案和企业黑名单，对不良记录者进行限制其网络行为的操作，并鼓励网络行为主体自愿安装内容过滤软件，过滤行业组织所认定的黑名单企业。

第三，发挥政府、行业组织、互联网企业、意见领袖、普通网民的协作力量，塑造协同配合的网络治理结构。网络治理不能只关注政府、社会规范或市场等单一影响因素，在对网络信息进行管理时，既要考虑维护国家安全和社会秩序，又要充分尊重行业组织、互联网企业、意见领袖和普通网民自由表达的权利，兼顾各方诉求，充分调动各个主体的协同配合作用，在法治视野下提升网络治理合力。在应对大学生沉迷网络游戏的问题上，政府制定了《未成年人节目管理规定》等相关文件，要求企业不得宣传、介绍不利于未成年人身心健康的网络游戏。互联网行业也开始尝试建立不同年龄段游戏内容和运营等方面的行业指标，人民网联合10家大型游戏公司发起了《游戏适龄提示倡议》。多家游戏厂商也通过升级健康系统、成长守护平台等功能强化家长和老师对学生游戏行为的监控。此外，游戏运营商也开始通过设计定制手机卡，帮助家长实现对未成年人游戏行为的管理和保护。政府应逐步从监管的主导角色中退下来，成为幕后的监督力量，而其他主体和机构等柔性监督力量则应进一步加强，逐步成为显性监督力量，实现监管由他律向自律的转换。

三、落实对互联网企业的监管

网络监管是指国家为了实现一定秩序，而对网络空间中的表达行为及其内容所进行的管理和约束。我国网络监管尚未形成成熟的监管体系，但政府已经逐渐将网络监管问题纳入监管体系中，从各个方面对互联网企业经营进行监管。目前互联网企业覆盖到社会生活的方方面面，已经同国家富强、人民幸福紧密联系在一起。网络信息泄露、平台造假等问题仍未得到有效解决，一些互联网企业注重追求经济利益，用流量代替道德与规则，不仅侵犯了网络空间中消费者的权益，也影响了互联网企业的健康发展。

第一，政府监管部门应加强对互联网企业的监管力度，打击和预防互联网企业的违法违规行为。行政管控是政府监管部门的主要治理手段，政府通过专项整治活动，集中动员相关资源和力量，在短时间内完成整治任务，进行责任追究。2017年6月，北京网信办依法约谈了微博、今日头条、腾讯、一点资讯等网站，责令其切实履行主体责任，加强用户账号管理，并按照规定关闭内涵段子、卓伟工作室等一批账号，有效遏制了低俗媚俗之风。2017年8月，北京市"扫黄打非"办公室协调北京市文化市场行政执法总队开展对今日头条、网易网、凤凰网传播含有低级庸俗、夹杂淫秽色情等内容的网络出版物，依法罚款并对相关频道进行停业整顿。2018年4月，全国"扫黄打非"办公室在全网开展"2018净网行动"，严厉打击网络有害、淫秽色情、低俗信息，查处违法违规的直播平台和网络游戏，整顿非法网络群组，清理非法弹窗广告等内容。这些举措无不彰显着政府有关部门对互联网企业监管的力度与决心。

第二，提升互联网企业的履责水平。互联网企业不仅要注重技术开发和内容建设所带来的经济效益，更要兼顾社会效益，自觉履行维护"风清气正的网络空间"的义务和责任。互联网企业应定期进行内审和自查，为网民提供更便捷、更安全的网络环境，加强用户体验，确保用户隐私安全。互联网企业内在的驱动力促使其愿意按照政府部门制定的有关规章制度进行网络经营，让资本在安全的前提下追逐利益。互联网企业应明确权利与义务，在有限的自由中规范网络经营，实现自我审查。

第三，健全互联网行业协会的自律机制。"任何一个团体，为了进行正常的活动以达到各自的目的，都要有一定的规章制度，约束其成员，这就是团体的法律。"①互联网行业协会拥有相对较多的网络领域专业知识和互联网行业信息，能够洞察互联网企业存在的突出问题，通过具体的行业章程，明确界定互联网企业在运行过程中的边界，界定哪些可为、哪些不可为，以及应遵守怎样的规则。我国早在2001年就正式成立了互联网协会，并先后制定了《中国互联网行业自律公约》《互联网站禁止传播淫秽色情等不良信息自律规范》《博客服务自律公约》《文明上网自律公约》等一系列自律章程。任何自律章程都需要强有力的机构作为保障，强化互

---

①邹永贤. 现代西方国家学说[M]. 福州：福建人民出版社，1993：322.

联网行业自律机构的相对独立性，赋予其依据章程及相关法律法规监督协会成员，对违法行为进行惩处，发挥互联网行业协会的自律功能。但需要注意的是，政府部门应颁布自律规范指南等政策性文件，进一步整合互联网行业协会的力量，为其提供资金与技术上的支持，并推广卓有成效的自治模式与经验，让互联网行业协会逐步成为网络信息内容分级制度、网络实名制等核心管理制度的实际推动者，在未来逐步成长为互联网企业健康发展的主导力量。

第四节　建设良好的社会道德环境

习近平总书记指出："培育积极健康、向上向善的网络文化，用社会主义核心价值观和人类优秀文明成果滋养人心、滋养社会，做到正能量充沛、主旋律高昂，为广大网民特别是青少年营造一个风清气正的网络空间。"①只有坚持正确的网络舆论导向，提高网民的道德素养，发挥道德模范的榜样示范作用，才能在网络空间中建设良好的社会道德环境。

一、坚持正确的网络舆论导向

国家互联网信息办公室发布的《互联网新闻信息服务管理规定》，针对加强互联网信息内容管理、促进互联网新闻信息服务健康有序发展，作出了明确规定，依法治网、依法办网、依法上网，已成为互联网业界和全社会的普遍共识。新闻媒体在提供互联网新闻服务的过程中，要遵守宪法、法律和行政法规，坚持正确的舆论导向，发挥舆论监督作用，促进形成积极健康、向上向善的网络环境，维护国家利益和公共利益。

第一，坚持党管媒体原则。新闻舆论阵地没有真空，马克思主义不去

---

① 在网络安全和信息化工作座谈会上的讲话[N]. 人民日报，2016-4-26（02）.

占领，必然会被非马克思主义占领；正确的思想舆论不去占领，必然会被错误的思想舆论占领。"各级党报党刊、电台电视台要讲导向，都市类报刊、新媒体也要讲导向；新闻报道要讲导向，副刊、专题节目、广告宣传也要讲导向；时政新闻要讲导向，娱乐类、社会类新闻也要讲导向；国内新闻报道要讲导向，国际新闻报道也要讲导向。"①主流媒体必须在思想上、政治上、行动上自觉同党中央保持高度一致，决不能为错误思想言论提供传播渠道。党媒以外的其他媒体也要自觉接受党的领导，自觉坚持正确的政治方向、舆论导向和价值取向。

第二，遵循正面宣传为主的基本方针。正面宣传是党对舆论工作的一贯主张，是新闻舆论工作不可偏离的指导方针。新闻舆论工作者坚持正面宣传，就是要坚持运用马克思主义的立场、观点和方法，去看待网络空间中的人、事、物，传递利国利民的正能量言论。新闻舆论工作者应明确自身的政治立场与身份认同，当面对境外敌对势力对我国的诋毁时，应理直气壮地高举社会主义旗帜，敢于直面问题，用真理、事实答疑解惑，传达正确的立场、观点和态度，引导大学生分清对错、善恶，让党的主张成为网络空间中的时代最强音。新闻舆论在进行正面宣传时，不能只讲正面、不讲负面，应通过直面大学生关切的热点问题，激浊扬清，解疑释惑，在总体上把握好平衡，弘扬正气。

第三，构建主流舆论新矩阵。互联网新媒体的快速发展，冲击着传统媒体格局，使得信息传播的即时性、交互性不断加强，但同时也暴露出传播主体多元化、传播信息良莠不齐、传播内容碎片化等问题。因此，推动传统媒体与新媒体的融合发展，建立新型主流媒体，构建主流舆论新矩阵，是提升网络舆论引导能力的必然选择。主流舆论新矩阵应坚持"内容为王"，根据不同的平台具有的不同传播特点，提炼出有针对性的议题，

---

①坚持正确方向创新方法手段提高新闻舆论传播引导力[N]. 人民日报，2016-2-20（01）.

通过个性化的报道形式，增强内容的可读性和传播性。面对中央的重大战略思想和方针政策，传统媒体尤其是党报应从学理性的角度进行深入解读和评论，新媒体则更适合以图文的方式总结议题内容，观察与收集读者反馈。通过大众媒体、网络媒体、移动媒体向受众传递主流信息，形成主流舆论的强大力量。

第四，完善舆论监督。随着互联网新媒体的发展，网络舆论监督已经成为舆论监督的重要组成部分。网络空间中的信息鱼龙混杂，为确保舆论监督信息与举报的真实性与准确性，就需要建立科学有效的信息审查机制，完善举报网站的制度建设，健全举报网站受理机制、线索运用机制和反馈机制，不断规范网络舆论监督。舆论监督作为一种公权力，也应受到监督。对于拥有舆论监督权的机关、行业机构、媒体和个人，应规范监督制度，提升监督主体的综合素质，确保舆论监督工作的有序开展。开展网络舆论监督应进一步推进党委、法律法规、监督对象、人民群众等他律式监督和行业协会、新闻媒体等自律式监督的有机结合，确保监督过程的科学性。

二、提高网民的道德水平

营造风清气正的网络空间是每一位网络用户的责任和义务。互联网已经成为人们生活中不可或缺的一部分，根据CNNIC发布的第52次《中国互联网络发展状况统计报告》显示，截至2023年8月，我国网民规模达10.79亿人，较2022年12月增长1109万人，互联网普及率达76.4%[①]。互联网的普及使得网络用户不断增加，但同时也伴随着网民道德素养参差不齐的问题，网民在追求个人利益与价值时，容易受到网络负面信息的影响，使其

---

① 第52次中国互联网络发展状况统计报告[EB/OL]. https://www.cnnic.net.cn/n4/2023/0828/c199-10830.html.中华人民共和国国家互联网信息办公室，2023-9-19，09：39.

产生明显的情绪化与功利化的倾向。网络空间的隐蔽性又使得网民极易隐藏自己在现实生活中的身份信息，从而逃避其应承担的网络责任。提高网民的道德素养应从培养网民的自律意识，增强网民的责任感，在网络空间中学会尊重自己、尊重他人、尊重社会，才能真正提高网民的道德素养，建构清朗的网络空间环境。

第一，网民应提高自身的网络自律意识。"道德的基础是人类精神的自律"[①]，人类在网络空间中的数字化生存，将无可避免地遇到网络空间中信息权利冲突所带来的道德风险。网络空间能够让人们随时随地获取丰富的信息，使信息传播的自由度得到了空前的拓展。网络空间中信息的发布者与接收者之间的关系呈现出明显的间接性特征，使得传统的道德舆论评价与监督变得难以开展，这对网民的道德自律提出了更高的要求。有关部门一是要尽快建立和完善网络空间道德规范体系，为网民的行为选择提供道德指导，促使网民作出正确的道德判断，并付诸行动，在反复的实践中，由道德准则的他律向自律转化；二是要加强网络空间道德教育，指导网民学会选择和吸纳正确的道德观念，遵守道德准则，提高辨别是非、善恶的能力，使之认同网络空间道德行为准则。

第二，网民应增强责任意识。在网络空间中，网民可以随意地获取最新、最全面的信息资讯，也能成为信息的传播者，网民在网络空间中拥有对他人和社会的干预能力。这种干预能力越大，滥用信息或对信息进行不道德的传播，所造成的后果就越危险。信息技术的进步、科技创新的发展，可能远高于这个时代的道德伦理水平，这就迫使网民要对自身进行积极主动的责任限制，不仅要对当下负责，还应面向未来，对人类的可持续发展与生存进行深思，不断深化责任意识。网民在进行网络行为前，应充分考虑具体行为与其后果之间的联系，应对行为产生的后果负责，提升在

---

①马克思恩格斯全集：第1卷[M]．北京：人民出版社，2002：119.

网络空间中的责任意识。

第三，网民应学会尊重自己、他人和社会。信息技术的不断发展，迫切呼吁个体在网络空间中学会尊重，网民只有做到尊重自己、他人和社会，才能在网络空间中拥有真正的自由。网民首先应尊重自己，自尊者人恒重之，一个人只有既没有支配他人的欲望，又能够按自己的意愿做自己想做的事情的时候，尊重才有可能形成。网民如果缺乏尊重自己的态度，就有可能把自己凌驾于其他网络行为主体之上，对他人横加指责、傲慢无礼，或轻视自己、严重自卑，或自我否定、自暴自弃，这些行为都会对网络空间的发展带来消极影响。网民要学会尊重他人。尊重是能够客观地接纳和包容对方作为个体存在的独立性，并努力使对方按照自己的意愿健康成长。己所不欲，勿施于人，每个网民在进行网络行为时，都应把其他人看作和自己一样，是具有独特天性、人格和尊严的人，尽量用接纳、理解、宽容的态度来看待他人，尊重他人的人格、情感、信仰及隐私，不传播与之相悖的不良信息。网民必须学会尊重社会。人是一切社会关系的总和，脱离社会的、单个的个体是不能存活的。在网络空间中，网民尊重社会表现为对信息平等的诉求，只有充分实现信息平等，才能更好地推动网民对社会的普遍尊重。因此，网民应在无害于社会的前提下，合理调节自身的网络行为，并因自身的网络行为对社会和国家负责。

三、发挥道德模范的榜样示范作用

"道德模范体现了热爱祖国、奉献人民的家国情怀，自强不息、砥砺前行的奋斗精神，积极进取、崇德向善的高尚情操。要广泛宣传道德模范的先进事迹，弘扬道德模范高尚品格，引导人们向道德模范学习，争做崇高道德的践行者、文明风尚的维护者、美好生活的创造者。"①在网络

①深化群众性精神文明创建活动　着力培养担当民族复兴大任的时代新人[N]. 人民日报，2019-09-06（01）.

空间中，发挥道德模范的榜样示范作用，能够让大学生通过影视作品、歌曲、小说、诗歌、动漫等形式生动地勾勒出道德模范的形象，赋予道德模范新的时代内涵。

第一，在道德模范的精神内涵层面，更注重常态化的真善美。人的观念和行为大多是通过社会学习与榜样模仿习得的。以往的道德模范虽然能让大学生心生钦佩，但由于这些道德模范形象过于完美，与大学生之间有巨大的鸿沟，使他们不愿意或不敢将钦佩之情转化为学习的动力。在对大学生进行榜样教育时，最关键的是榜样的选择是否满足大学生的需要，可引发大学生的学习动机。"宣传好的典型时，一定要讲清楚他们是在什么条件下，怎样根据自己的情况搞起来的，不能把他们说得什么都好，什么问题都解决了，更不能要求别的地方不顾自己的条件生搬硬套。"①在选择大学生榜样教育的道德模范时，应注重贴近大学生的实际生活，选择在大是大非问题上、在品性修养上、在专业技能上，展现出坚定的马克思主义信仰，始终践行社会主义核心价值观，在平凡的岗位上精益求精、爱岗敬业的优质榜样。

第二，在道德模范的产生机制中，应坚持网民自发推选与官方自觉吸纳相结合的双向互动原则。传统的道德榜样是由相关职能部门依据一定阶级、社会的需求寻找的典型人物，并自上而下地进行大力推广，在一定程度上取得了不错的效果。但是，大学生作为网络空间中的"原住民"，他们更具有主体意识，也更愿意自主地去选拔能够引起情感共鸣的榜样，也能促使榜样教育发挥最大功效。因此，在道德榜样的选拔中应坚持双向互动原则，发挥政府的引导作用，并注重大学生的意见，选出既符合主流舆论又受大学生爱戴的榜样。网络空间道德榜样的宣传可以通过文字、视频、图片、音频、动画等表现形式，给大学生带来感官上的体验，淡化灌

---

① 邓小平文选：第2卷[M]. 北京：人民出版社，1994：316.

输与说教的痕迹，让大学生在轻松、亲切的氛围下学习道德榜样的事迹。

第三，在网络空间中营造榜样文化。榜样的力量是无穷的，榜样文化作为中国精神的集中体现，其描绘出我们这个时代的精神图谱，为时代画像、为时代立传、为时代明德。榜样文化作为人类生活的精神产品，是抽象意义与价值的融合。在网络空间中，营造良好的榜样文化，有利于引导舆论走向正确的方向，促进公众理念与榜样文化所承载的核心价值观念的同向同行。大学生需要的榜样是与他们共处于同一生活与精神的世界，拥有相似的价值观与理想追求的道德模范，而不是令人望而却步的"神像"。因此在对榜样人物的宣传中，应以榜样的核心价值来引发大学生的共鸣，通过互相之间传递信息与对话，实现榜样文化的舆论引导价值。榜样文化内容的优质与否，直接影响榜样文化传播的效果。榜样文化的内容既要做到专业、权威、有深度，又要做到有思想、有温度、有品质，才能实现榜样文化真善美的价值引领作用。大学生通过对道德榜样的学习与模仿，能够增强对自身主流价值观的认同感，在不知不觉中养成道德习惯，提高自身的道德修养。

第五节　提高大学生的自我教育能力

在网络空间中，大学生道德的自我教育是一种积极主动的行为模式，能够推动其实现网络道德的知性合一，是实现其网络道德人格的内在动力。因此，在网络空间中，要提高大学生的自我教育能力，提升大学生的媒介素养，发挥朋辈群体的教育功能，促使大学生自觉遵守网络道德规范。

一、自觉提升媒介素养

网络媒介素养是大学生应当具备的重要素养之一，是大学生在掌握网络基础知识与技能后，对网络媒介的思考与甄辨能力，是帮助大学生形成健康的网络使用习惯与网络道德品格的重要素养。大学生应认识到媒介上出现的任何内容都是媒介化的产物，已不是事物本身，"媒介真实"不等于"客观真实"。

第一，增强大学生对媒介素养知识习得的主动性。高校的媒介素养教育主要以理论教育为主，学生只是泛泛地了解媒介素养的基本知识，缺乏通过个人经验与实践得来的感悟。在对大学生进行媒介认知能力的教育时，应着重对其进行网络媒介的基础理论与网络传播知识内容的教育，使大学生充分认识到网络媒介与政治、经济、文化之间的相互制约与影响，正视网络媒介所引发的社会问题，以及其在网络空间中应承担的社会责任。增强大学生对媒介素养知识习得的主动性，使其利用高校的校报、校园广播、宣传栏、校园贴吧等资源进行自主学习，在实践中提升媒介评判意识，通过媒介进行自我教育、自我管理和自我服务。

第二，提升大学生对媒介信息的判断能力。网络信息纷繁复杂，越来越多的外来文化、思潮借由网络媒介涌入网络空间，影响着大学生的价值判断与选择。大学生要能够用批判和怀疑的眼光去看待这些信息，在不断地学习与成长中培养思辨能力，甄别出有利于社会与个人发展的网络信息，自觉抵制糟粕信息所带来的负面影响。大学生既是信息的接收者，又是信息的发布者，在拥有一定的信息甄辨能力后，应更加注重自己的网络行为对他人带来的影响，要尽量做到生产和传播正能量的信息，远离网络暴力事件和网络霸凌，担负起大学生在网络空间中的道德责任。大学生应了解传媒在日常生活中扮演的角色，用批判思维去分析和接收信息，甄别信息内容的优劣，合理运用媒介技术进行参与式互动，做自己的受众。

第三，提高大学生运用媒介信息的道德与法律观念。大学生应充分了解国家关于新闻出版、网络管理、知识产权等方面的政策与法规，学会与侵权的媒介行为做斗争，用法律和道德去维护自身和他人的权益。大学生在进行网络行为时，应以法律为底线，以道德为上限，在运用媒介时应遵循网络道德规范，在实践中提升自身的道德与法律观念。

二、发挥朋辈群体的教育功能

大学生朋辈群体是由相似的年龄层次、成长背景、共同爱好、观点或心理的同龄人自发形成的亲密、经常且平等的往来。作为一种群体的自我教育形式，朋辈教育能够在网络空间道德教育中发挥价值导向功能、凝聚激励功能、约束干预功能和规范同化功能。朋辈群体教育能够提升大学生自我学习、自我进步、自我完善的能力，在网络空间中自愿认同并践行道德规范，将外在的要求转化为内在的自觉，使之纳入自身的道德结构中，成为控制自身网络行为的道德力量。

第一，对朋辈教育者进行培训，发挥价值导向作用。高校思想政治教育工作者应定期对朋辈教育者进行关于网络空间道德教育内容、咨询技巧、干预技术等内容的培训，提升朋辈教育者的沟通能力，并在网络空间道德教育中起到价值标杆、行为准则的示范作用。朋辈教育者通过榜样示范的力量，可对朋辈群体中的个体产生正向引导与影响，共同营造风清气正的网络道德环境。朋辈教育运用朋辈之间相互帮助、相互学习的教育形式，通过个体带动整体，不仅促使朋辈教育者更加优秀，还能够加强整体的自我管理与自我教育能力，使网络道德价值引导功能得以实现。

第二，搭建网络朋辈教育的平台，发挥凝聚激励作用。朋辈教育者通过自身的网络道德行为，传递给其他成员一种正向、积极、强化的信息，引导他们产生心理、情感和行为的变化，推动大学生网络道德人格的健康发展。尽管在朋辈群体中，大家的性格、背景、行为习惯各不相同，但在同样的氛围下，当个人特性与群体属性出现矛盾时，为了尽快地融入群体，个体将会逐渐地调整自身的边缘主张与行为习惯，接收正确的引导，以便更好地被群体所接受，从而产生群体归属感。

第三，营造良好的朋辈道德环境，发挥规范同化作用。大学生在网络空间中的道德环境至关重要，网络空间公共道德环境的缺失，使得大学生为自身的网络行为找到了合理化借口。良好的网络道德环境可以让大学生在感召力与压力下，自觉遵守道德规范。朋辈群体作为一个活跃的生态群体，在这个群体中一旦产生让大学生认可的道德标准，将会在潜移默化中影响着群体中的其他成员向这个道德标准靠拢，并有意识地在日常生活中践行该标准，从道德他律走向道德自律。即便在网络空间中，在无人监督的环境下，依旧能规范自身的网络行为，这就是朋辈教育的规范同化功能。朋辈教育者不断提升自身的道德素养，通过丰富多样的线上线下活动，以及在日常生活与交往中，对群体成员施加道德影响，在双向互动中，形成相互学习、相互发展、共同进步的朋辈道德环境，规范着群体成员的道德行为。朋辈教育健康发展的前提就在于群体之间的共同努力与协同发展，形成群体归属感，确保群体的共同进步，积极有效地推动大学生网络道德的自我教育进程。

三、自觉遵守网络道德规范

网络道德规范是以"共在"和"共存"为前提的。在网络空间中，大学生看似独立存在，其实是共同参与、相互依存的。大学生在使用网络工具时，不仅有无数"幕后"工作者的辛勤劳作，还有很多大学生在共享着网络空间给大家的生活带来的快捷和便利。他们在网络空间中交往、学习、生活、工作，彼此之间产生各种各样的联系，这种特定的联系促使他们需要道德规范来约束自身的行为。经过长期的网络实践，大学生将意识到网络道德与网络法律法规的重要性，自觉遵守网络道德规范。

第一，提高大学生的道德自律水平。"自律性是道德的唯一原则。因为，经过解剖就会发现，道德原则必定是一个定言命令，而这个命令所颁布的，不多不少恰好是自律性。"①在网络空间中，大学生的道德行为主要是依靠以"慎独"为特征的道德自律来实现。大学生提升网络道德自律水平，需要在平时的日常道德习得过程中，有意识地塑造网络自律精神，形成自律习惯，不断提高自律水平，规范自身在网络空间中的言行。慎独不仅表现为一种道德境界，还是一种道德修养方法，是自我道德修养的最高境界，大学生应从以下几方面来做到网络空间中的"慎独"：一是大学生应做到慎始。大学生只有掌握了网络道德知识，才能树立正确的网络道德观念，形成良好的网络道德认知。二是大学生应做到慎辨。在网络空间中，大学生迎来了信息的迅猛传播，这其中不乏一些虚假、色情、暴力的不良信息，极易干扰身心发展尚未成熟的大学生。网络空间道德教育活动通过案例分析、道德讨论和辩论等方式，可提高大学生辨别"真善美"和"假恶丑"的能力，使其作出正确的判断，提升道德自觉能力。三是大学生应做到慎言。虽然自由是网络的最大属性，人们在网络空间中可以自由地发表言论和见解，但在网络空间中不乏一些不文明用语的使用，这就要求大学生不能在网络空间中信口开河，发表不负责任的言论及使用不文明的语言，应身体力行地为网络空间的文明纯净作出自己的一份贡献。四是大学生应做到慎行。大学生应充分认识到，不当言行会给他人带来困扰或伤害，己所不欲，勿施于人，大学生在网络空间中应自觉保护自己及他人的隐私不受侵害，尊重知识产权，不随意破解他人密码，不制造和传播网络病毒，自觉远离网络暴力，通过良好的道德修养来调节自身的网络行为，自觉遵守网络道德规范，达到"慎独"的道德境界。

第二，培养大学生服务于社会整体利益的公共道德意识。公共道德意识作为一种伦理精神和德行诉求，要求大学生在社会生活与公共交往中，强调尊重个性与自由，在维护个人权益的基础上，以利他的方式关心社会

①[德]康德.道德形而上学原理[M].苗力田，译.上海：上海人民出版社，2005：62.

的整体利益。作为社会成员，大学生应依据网络空间的行为规范与准则，积极参与公共事务，培养自身的担当意识和规则意识，展现当代大学生在网络空间中的文明素养、公共道德意识与精神风貌。大学生在网络空间中应遵守法律道德底线、社会主义制度底线、国家利益底线、公民合法权益底线、社会公共秩序底线、道德风尚底线和信息真实底线，承担起维护网络空间和谐与稳定的重任。从国家层面来看，公共道德意识蕴含着对基本价值的追求，与社会主义核心价值观的内容不谋而合，培养大学生的公共道德，有助于大学生对其公民身份的认识，帮助大学生突破"我"的狭隘空间，在广阔的整体中去理解自我价值，正视自我与共同体之间的关系。从社会层面来看，公共道德意识的培养是社会主义文明建设的客观需要，是培养大学生善待生命、担当责任的公共意识，是构建和谐社会的内在要求。从高校的教育层面来看，大学生公共道德的培养是高校承担国家责任与人才培养职能的客观要求，通过将公共道德的内涵与思想政治理论课的教育内容相结合，引导大学生自觉践行公共道德，彰显自治、规则、责任、宽容等时代精神。从个人层面来看，通过公共道德意识的培养，能够提升大学生的道德素质，强化大学生的公民意识，引导大学生正确认识自己，主动承担社会责任与历史使命。

第三，提升大学生践行网络道德规范的能力。大学生需要在长期的道德实践中，通过对自身道德实践的感受与体会，以及对他人的实践经验的积累，形成一种交互式的感受与体验，生成自身的道德智慧。网络道德规范可以通过网络文学、音乐、电影、网剧、音频、动漫等形式，传播网络正能量，引导大学生明辨是非，让正确的网络道德成为价值观的主流。网络空间为大学生道德实践提供了新的载体，通过开展"互联网+慈善""互联网+公益"等形式多样的道德实践活动，让大学生感受到网络道德行为的重要意义，养成关爱他人，为社会奉献的高尚品格。

结　语

每一次技术革命都衍生出一个新的时代，都加快了人类社会发展的速度，也推进着人类文明的发展，在人类文明发展史上留下了技术变迁的印记。在互联网出现之前，现实社会是人类活动与发展的唯一社会领域，但网络技术、信息技术、电子通信技术和智能科技的不断发展与完善，拓展了人类活动的新领域，建构出一个虚拟的网络空间。目前，高校网络空间道德教育虽然取得了显著的成效，绝大多数大学生在网络空间中呈现出良好的道德状态，但仍有部分大学生存在社会责任缺失和道德行为失范的问题。"网络空间是虚拟的，但运用网络空间的主体是现实的。"因此，在网络空间中开展道德教育，有助于提高大学生的判断思维能力、独立自主能力和人际交往能力，使其在网络空间中履行社会责任和道德责任。

本书通过个案分析、数据采集和大规模的实证调研，准确而客观地分析了大学生在网络空间中的道德现状，有针对性地提出了网络空间中大学生道德教育的实践路径。在网络空间中，大学生道德教育不是一蹴而就的，而是一项长期、持久的系统工程，需要高校、政府、社会、个人的互相联动，才能得以实现。网络空间中大学生道德教育的研究是对现实网络空间道德教育的有力补充，两者既相互联系又存在差别，在相辅相成中形成网络空间道德教育合力。教育对象的不确定性、教育主客体关系的不确定性、教育内容的不确定性，对网络空间中大学生道德教育提出了更高的要求。高校需要发挥道德教育的主阵地作用，通过丰富道德教育内容，增强道德教育的针对性，来提升道德教育对大学生的吸引力。政府是网络空间治理的主导力量，应通过加强网络法律法规建设，提高政府网络治理效能，落实对互联网企业的监管，来营造清朗的网络空间。大学生在良好的社会道德环境的熏陶中，在正确的网络舆论的引导下，在网民整体道德水平的提升下，在道德模范的引领下，能够自觉提升网络道德素养，规范自身的网络道德行为。在网络空间中，大学生道德教育的终极目标是激发大学生对网络道德价值的认同与内化，只有提高大学生的自我教育能力，才能真正提高大学生的网络道德修养。

附　录

网络空间中大学生道德现状调查

亲爱的同学：

　　您好！非常感谢您配合参与本次调查活动。本次调查的目的在于了解大学生在网络空间中的思想道德状况，希望营造一个风清气正的网络环境，使大学生能够更加有效、安全地使用网络。本次调查不针对具体单位和个人，采用无记名回答方式，请根据您的实际情况答卷。您提供的所有信息将得到严格保密。再次感谢您的帮助与支持。

一、基本情况

1.您的性别是：

A.男　B.女

2.您所在的年级是：

A.大一　B.大二　C.大三　D.大四

3.您所学的专业是：

A.文史哲类　B.理工类　C.艺术或体育类　D.农林医类　E.其他类

4.您的政治面貌是：

A.中共党员（含中共预备党员）　B.共青团员　C.群众　D.民主党派

5.您的网龄是：

A.少于1年　B.1~3年　C.3~5年　D.5~8年　E.8年以上

6.您平时每周上网的频率是：

A.几乎没有　B.1~5次　C.5~10次　D.10~15次　E.15次以上　F.只要

有时间就上网

7.您平均每次上网时间是：

A.1个小时以内　B.1~2个小时　C.2~5个小时　D.5个小时以上

二、大学生思想道德现状

8.（多选题）通常上网的主要目的是：

A.查找资料　B.浏览新闻　C.娱乐（游戏、电影、电视剧等）

D.人际交流（QQ、微信、微博、Email等）

E.购物（淘宝、京东、当当、亚马逊等）

F.使用在线课程或远程教育学习　G.其他＿＿＿＿＿＿＿＿＿＿＿

9.（多选题）您在使用网络获取信息时，遇到的问题有：

A.不知如何甄辨信息的真伪

B.不知如何检索所需要的信息

C.不善于利用网络进行学习、交流

D.容易被目前最流行、推送量大的信息吸引

E.内容丰富，但良莠不齐

F.感觉有害信息多，有益信息少

10.（多选题）您在网络空间中都关注哪些领域的内容？

A.时事政治　B.民生新闻　C.搞笑或无厘头的内容　D.娱乐八卦

E.科技　F.网购资讯　G.教育　H.其他＿＿＿＿＿＿＿＿＿＿＿

11.您认为网络是否给大家提供了一个发泄的渠道：

A.不认同　B.有点认同　C.非常认同　D.不太清楚

12.您在网络空间中发泄过自己的情绪吗：

A.发泄过　B.没发泄过　C.不太清楚

13.您认为网络空间中是否需要遵守网络道德：

A.非常需要　B.需要　C.不太需要　D.不需要　E.不太清楚

14.您认为当代大学生需要提高自身的道德修养吗:

A.非常需要　B.需要　C.不太需要　D.根据具体情况而定　E.不太清楚

15.您认为有必要对大学生进行网络空间道德教育吗:

A.有必要　B.没有必要　C.无所谓　D.不太清楚

16.您了解网络法律法规吗:

A.非常了解　B.一般了解　C.不太了解　D.完全不了解　E.不太清楚

17.您在网络交往、讨论和网络游戏中曾使用过激或粗俗的言论吗:

A.经常　B.偶尔　C.没有　D.不太清楚

18.您在网络空间中看到诋毁社会主义制度和国家尊严的过激帖文时,您会怎么做:

A.留言反驳　B.转发跟帖　C.点赞　D.不加理会

19.您在网络空间中转发或点赞过爱国主义内容的博文吗:

A.偶尔转发或点赞　B.经常转发或点赞　C.从未转发或点赞

D.不太关注这方面问题　E.不太清楚

20.(多选题)以下列举的爱国行为中,您亲身实践过的有哪些:

A.网站投票　B.签名活动　C.在社交软件上设置中国心的头像

D.转发点赞　E. 示威游行

21.(多选题)您会选择以下哪些方式来表达您的爱国情怀:

A.在国家利益受损时挺身而出

B.理性思考,从实际出发,做有利于国家和人民的事

C.发展自身技能,才能为国家尽力　D.爱国放心里就好　E.不太清楚

22.新中国成立70周年,许多高校都举办了网络献礼活动,您参加活动的目的是什么:

A.真诚地祝福祖国　B.响应学校号召　C.跟风,其他人都参加了

D.获得学分　E.无所谓

23.您认同当个人利益与国家利益、集体利益发生冲突时,应首先考

虑国家利益和集体利益吗:

A.非常认同　B.认同　C.不太认同　D.视具体情况而定　E.不太清楚

24.（多选题）您是否曾在网上发表过以下言论:

A.带有侮辱性的言论（如网络谩骂、人身攻击等）

B.虚假或真伪不明的信息　C.恶搞性的言论或图片

D.色情等粗俗信息　E.爱国主义的信息

F.表达真情实感的信息　G.其他_____

25.您如何看待网络空间中的不实言论:

A.宁可信其有，并且转发　B.偶尔复制，并且转发

C.探究言论的真实性后，适当反驳　D.关注该话题，引发自身的思考

E.不理会，静观其变

26.当您看到有人在网络空间中发表针对某种社会现象的不满言论时，您会怎么做:

A.跟着一起批判社会现实　B.劝解这些人

C.由于不了解实情，不发表言论

D.留意这方面的资讯，开始思考这个问题

E.置之不理　F.无所谓

27.您相信在网络中能交到真朋友吗:

A.相信　B.半信半疑　C.不相信　D.不太清楚

28.您在网络交往中有过骗人或被骗的经历吗:

A.有　B.没有　C.不太清楚

29.（多选题）您如何看待网络中的"人肉搜索"现象:

A.好事者唯恐天下不乱　B.是网友的一种自发行为，无可厚非

C.想法很好，但方式有问题　D.侵犯他人隐私，是一种不道德的行为

E.不应该"人肉搜索"　F.这是一种违法行为　G.其他_____

30.您是否在他人不知情的状况下破解或使用过他人密码：

A.从未　B.偶尔　C.经常　D.不太清楚

31.有人说，现实社会的道德失范容易诱发网络空间中的道德失范行为，您认同这种说法吗：

A.认同　B.基本认同　C.不认同　D.没关心过这个问题　E.不太清楚

32.您认为在网络空间中应遵守网络道德吗：

A.应该遵守　B.看情况遵守　C.网络是个开发的空间，不需要遵守

D.不太清楚

33.您认为网络空间中的道德和现实社会中的道德，二者有何不同：

A.完全一样　B.基本差不多　C.有些不同　D.完全不同　E.相互依存

F.不太清楚

34.您认为网络改变了您的消费习惯与方式吗：

A.改变了　B.改变了一点　C.没改变　D.不太清楚

35.您在"带货一哥"李佳琦的直播间买过东西吗：

A.经常购买　B.偶尔购买　C.只是随便看看　D.不在直播间购物

E.不太清楚

36.您如何看待网购：

A.根据需求与自身的经济实力理性购物

B.冲动消费，有些东西根本用不到

C.跟风消费，我同学有，我也得有

D.超前消费，看到想要的东西会透支信用卡、花呗或京东白条

E.想买就买了，没考虑那么多　F.其他_____

37.您认为在网络空间中需要维护知识产权吗：

A.需要　B.看情况而定　C.不太需要　D.不需要　E.不太清楚

38.您在网络空间中未经授权下载或观看过电影、音乐和学习资料吗：

A.经常下载或观看　B.偶尔下载或观看

C.通过正规渠道付费下载或观看　D.不下载，不观看　E.不太清楚

39.您在完成各科作业时，如何运用在网上搜索的相关资讯：

A.大量引用文献资料　B.把几篇文章拼凑一下

C.直接抄袭、盗用他人的成果与观点

D.整合资料，为自己的作业奠定理论基础　E.不太清楚

40.您如何看待一些学生对课本上的古代诗人进行涂鸦或恶搞的行为：

A.适当娱乐，没什么大惊小怪的　B.戏谑经典，是不对的

C.没想过　D.挺好玩的　E.我也画过　F.不太清楚

41.假如您的同学发布了"水滴筹"的求助信息，此时您会：

A.直接转发　B.确认信息真伪后，看情况转发　C.不转发　D.不太清楚

参考文献

▲ 经典著作类

[1] 马克思恩格斯选集：1-4卷[M].北京：人民出版社，2012.

[2] 马克思恩格斯全集：第1卷[M].北京：人民出版社，2002.

[3] 马克思恩格斯全集：第2卷[M].北京：人民出版社，1957.

[4] 马克思恩格斯全集：第3卷[M].北京：人民出版社，1960.

[5] 马克思恩格斯文集：第1卷[M].北京：人民出版社，2009.

[6] 马克思恩格斯文集：第2卷[M].北京：人民出版社，2009.

[7] 马克思恩格斯文集：第9卷[M].北京：人民出版社，2009.

[8] 列宁专题文集：论无产阶级政党[M].北京：人民出版社，2009.

[9] 列宁选集：第1卷[M].北京：人民出版社，1995.

[10] 列宁选集：第2卷[M].北京：人民出版社，1995.

[11] 列宁选集：第4卷[M].北京：人民出版社，1995.

[12] 毛泽东选集：第2卷[M].北京：人民出版社，1991.

[13] 毛泽东文集：第7卷[M].北京：人民出版社，1999.

[14] 邓小平文选：第2卷[M].北京：人民出版社，1994.

[15] 习近平谈治国理政：第1卷[M].北京：外文出版社，2014.

[16] 习近平谈治国理政：第2卷[M].北京：外文出版社，2017.

[17] 习近平关于全面深化改革论述摘编[M].北京：中央文献出版社，2014.

[18] 习近平新时代中国特色社会主义思想三十讲[M].北京：学习出版社，2018.

[19] 习近平关于总体国家安全观论述摘编[M].北京：中央文献出版

社，2018.

[20] 深入学习习近平关于教育的重要论述[M].北京：人民出版社，2019.

[21] 十八大以来重要文献选编：上卷[M].北京：中央文献出版社，2014.

[22] 十八大以来重要文献选编：中卷[M].北京：中央文献出版社，2016.

[23] 十八大以来重要文献选编：下卷[M].北京：中央文献出版社，2018.

▲ 外文著作类

[1] F. Clark Power. Introduction：Moral Education and Pluralism, The Challenge of Pluralism[M]. Notre Dame, Indiana：University of Notre Dame Press，1992.

[2] Jim Jordan. Cyberpower：The Culture and Polities of Cyberspace and the Internet[M].London:Routledge，1999.

[3] Howard Rheingold. The Virtual Community[M]. Cambridge:The MIT Press，1994.

▲ 外文译著类

[1] [比]米歇尔·梅耶.道德的原理[M].史忠义，译.北京：知识产权出版社，2015.

[2] [德]赫尔穆特·施密特.全球化与道德重建[M].柴方国，译.北京：社会科学文献出版社，2001.

[3] [德]克劳斯·施瓦布.第四次工业革命：转型的力量[M].李菁，译.北京：中信出版社，2016.

[4] [德]莱纳·艾尔林格.生活中的道德怪圈：什么让我们活得更好，什么让我们过得更糟[M].刘菲菲，译.北京：中信出版社，2015.

[5] [德]尼采.论道德的谱系：善恶之彼岸[M].谢地坤，宋祖良，等，译.桂林：漓江出版社，2000.

[6] [德]诺博托·霍尔斯特.何为道德：一本哲学导论[M].董璐，译.北京：北京大学出版社，2014.

[7] [德]魏德士.法理学[M].丁晓春，吴越，译.北京：法律出版社，2005.

[8] [德]伊曼努尔·康德.道德形而上学原理[M].苗力田，译.上海：上海人民出版社，2005.

[9] [法]爱弥尔·涂尔干.道德教育[M].陈光金，沈杰，等，译.上海：上海人民出版社，2006.

[10] [法]古斯塔夫·勒庞.乌合之众：大众心理研究[M].冯克利，译.桂林：广西师范大学出版社，2007.

[11] [法]让-雅克·卢梭.论人类不平等的起源和基础[M].高煜，译.桂林：广西师范大学出版社，2009.

[12] [古希腊]亚里士多德.尼各马可伦理学[M].王旭凤，顾晓旭，译.北京：中国社会科学出版社，2007.

[13] [荷]简·梵·迪克.网络社会：新媒体的社会层面[M].蔡静，译.北京：清华大学出版社，2014.

[14] [加]罗伯特·韦尔.分析马克思主义新论[M].鲁克俭，译.北京：中国人民大学出版社，2002.

[15] [加拿大]马歇尔·麦克卢汉.理解媒介：论人的延伸[M].何道宽，译.南京：译林出版社，2000.

[16] [美]埃德加·博登海默.法理学、法律哲学与法律方法[M].邓正来，译.北京：中国政法大学出版社，2004.

[17] [美]埃瑟·戴森.2.0版数字化时代的生活设计[M].胡泳，范海燕，译.海口：海南出版社，1998.

[18] [美]阿瑟·克莱曼.道德的重量[M].方筱丽，译.上海：上海译文出版社，2008.

[19] [美]理查德·斯皮内洛.铁笼，还是乌托邦：网络空间的道德与

法律[M].李伦，等，译.北京：北京大学出版社，2007.

[20] [美]柯尔伯格.道德教育的哲学[M].魏赞超，柯森，译.杭州：浙江教育出版社，2000.

[21] [美]克里斯托弗·博姆.道德的起源：美德、利他、羞耻的演化[M].贾拥民，傅瑞蓉，译.杭州：浙江大学出版社，2015.

[22] [美]卡扎米亚斯.教育的传统与变革[M].福建师范大学教育系，等，译.北京：文化教育出版社，1981.

[23] [美]兰德尔·柯林斯.互动仪式链[M].林聚任，等，译.北京：商务印书馆，2009.

[24] [美]迈克尔·舍默.道德之弧：科学和理性如何将人类引向真理、公正与自由[M].刘维龙，译.北京：新华出版社，2016.

[25] [美]迈克尔·J.奎因.互联网伦理：信息时代的道德重构[M].王益民，译.北京：电子工业出版社，2016.

[26] [美]迈克尔·海姆.从界面到网络空间：虚拟实在的形而上学[M].金吾伦，刘钢，译.上海：上海科技教育出版社，2000.

[27] [美]曼纽尔·卡斯特.网络社会的崛起[M].夏铸九，王志弘，译.北京：社会科学文献出版社，2003.

[28] [美]曼纽尔·卡斯特.网络星河：对互联网、商业和社会的反思[M].郑波，武炜，译.北京：社会科学文献出版社，2007.

[29] [美]梅拉妮·基伦，朱迪思·斯梅塔娜.道德发展手册[M].杨韶刚，等，译.北京：教育科学出版社，2011.

[30] [美]米尔顿·穆勒.从根上治理互联网：互联网治理与网络空间的驯化[M].段海新，胡泳，等，译.北京：电子工业出版社，2019.

[31] [美]纳希.道德领域中的教育[M].刘春琼，等，译.哈尔滨：黑龙江人民出版社，2003.

[32] [美]尼古拉·尼葛洛庞帝.数字化生存[M].胡泳，范海燕，译.海

口：海南出版社，1996.

[33]［美]尼尔·波兹曼.娱乐至死[M].章艳，译.北京：中信出版社，2015.

[34]［美]R.尼布尔.道德的人与不道德的社会[M].阮炜，蒋庆，等，译.贵阳：贵州人民出版社，2009.

[35]［美]泰普斯科.泰普斯科预言：21世纪人类生活新模式[M].卓秀娟，陈佳伶，译.北京：时事出版社，1998.

[36]［美]约翰·杜威.学校与社会明日之学校[M].赵祥麟，等，译.北京：人民教育出版社，1994.

[37]［瑞士]约万·库尔巴里贾.互联网治理[M].鲁传颖，惠志斌，等，译.北京：清华大学出版社，2019.

[38]［英]彼得斯.道德发展与道德教育[M].邬东星，译.杭州：浙江教育出版社，2003.

[39]［英]帕特里克·德富林.道德的法律强制[M].马腾，译.北京：中国法制出版社，2016.

[40]［英]休谟.道德原则研究[M].曾晓平，译.北京：商务印刷馆，2001.

[41]［英]亚当·斯密.道德情操论[M].蒋自强，钦北愚，等，译.北京：商务印刷馆，1997.

▲ 中文著作类

[1] 白燕妮.当代中国社会转型期道德知行问题研究[M].天津：天津人民出版社，2017.

[2] 北京大学哲学系.古希腊罗马哲学[M].北京：商务印书馆，1982.

[3] 陈科华.孔子思想研究[M].北京：人民日报出版社，2002.

[4] 陈万柏.思想政治教育载体论[M].武汉：湖北人民出版社，2003.

[5] 陈杰明.新时期大学生思想道德教育与法律素质培养[M].长春：吉

林大学出版社，2016.

　　[6] 范翠英.网络道德心理研究[M].广州：世界图书出版公司，2012.

　　[7] 段伟文.网络空间的伦理反思[M].南京：江苏人民出版社，2002.

　　[8] 冯建军.当代主题教育论：走向类主体的教育[M].南京：江苏教育出版社，2004.

　　[9] 胡泳.信息渴望自由[M].上海：复旦大学出版社，2014.

　　[10] 黄河.网络虚拟社会与伦理道德研究：基于大学生群体的调查[M].北京：科学出版社，2017.

　　[11] 黄朴民，白效咏，白杨.中国传统道德文化历代文选[M].北京：中国人民大学出版社，2012.

　　[12] 黄少华.网络空间的社会行为：青少年网络行为研究[M].北京：人民出版社，2008.

　　[13] 教育部思想政治工作司.大学生思想政治教育理论与实践[M].北京：高等教育出版社，2009.

　　[14] 伦理学编写组.伦理学[M].北京：高等教育出版社，2012.

　　[15] 李建国.教化与超越：中国道德教育价值取向的历史嬗变[M].北京：中国社会科学出版社，2014.

　　[16] 李伦.鼠标下的德性[M].南昌：江西人民出版社，2000.

　　[17] 李林，符明秋.网络空间的法律问题研究[M].北京：中国社会科学出版社，2019.

　　[18] 李艳.网络空间治理机制探索：分析框架与参与路径[M].北京：时事出版社，2018.

　　[19] 刘丙元.当代道德教育的价值危机与真实回归[M].北京：北京师范大学出版社，2012.

　　[20] 刘怀元.网络交往与大学生道德修养研究[M].北京：北京师范大学出版社，2017.

[21] 龙雪津.社会主义核心价值体系建设之道德路径研究[M].北京：民族出版社，2015.

[22] 罗国杰，宋希仁.西方伦理思想史：上卷[M].北京：中国人民大学出版社，1985.

[23] 吕本修.网络道德问题研究[M].北京：中国社会科学出版社，2012.

[24] 陆俊，严耕，孙伟平.网络伦理[M].北京：北京出版社，1998.

[25] 鲁佑文.网络空间利益博弈与治理[M].北京：中国社会科学出版社，2019.

[26] 马向真.当代中国社会心态与道德生活状况研究报告[M].北京：中国社会科学出版社，2015.

[27] 马振清.国家治理现代化中的道德治理与法律治理[M].北京：中国书籍出版社，2016.

[28] 邱伟光.大学道德[M].上海：复旦大学出版社，2003.

[29] 沈云都.道德何以可教：民族际视野下的生成论道德学[M].南京：东南大学出版社，2014.

[30] 孙午生.网络社会治理法治化研究[M].北京：法律出版社，2014.

[31] 孙正聿.马克思主义基础理论研究[M].北京：北京师范大学出版社，2011.

[32] 檀传宝.学校道德教育原理[M].北京：教育科学出版社，2003.

[33] 汤海艳.成人之道：中国传统礼仪及其道德教育功能研究[M].南京：南京大学出版社，2015.

[34] 王磊.马克思恩格斯论道德[M].北京：人民出版社，2011.

[35] 王庆节.道德感动与儒家示范伦理学[M].北京：北京大学出版社，2016.

[36] 王伟忠.当代大学生道德社会化问题研究[M].杭州：浙江大学出版社，2016.

[37] 王贤卿.道德是否可以虚拟：大学生网络行为的道德研究[M].上海：复旦大学出版社，2011.

[38] 王向华.大学的道德责任[M].北京：北京师范大学出版社，2017.

[39] 王渊.基于科技伦理视角的大学生网络空间道德教育研究[M].武汉：中国地质大学出版社，2017.

[40] 王泽应，向玉乔.中国道德状况报告[M].北京：中国社会科学出版社，2016.

[41] 王婧.大数据时代大学生道德教育研究[M].北京：现代教育出版社，2016.

[42] 韦冬.中国共产党思想道德建设史：上下卷[M].济南：山东人民出版社，2015.

[43] 魏定仁.宪法学[M].北京：北京大学出版社，1994.

[44] 魏英敏.新伦理学教程[M].北京：北京大学出版社，1993.

[45] 吴满意.网络人际互动：网络实践的社会视野[M].北京：人民出版社，2015.

[46] 汪丁丁.自由人的自由联合[M].厦门：鹭江出版社，2000.

[47] 徐宗良.道德问题的思与辨[M].上海：复旦大学出版社，2011.

[48] 徐仲伟.网络社会公德建设研究[M].北京：中国人民大学出版社，2018.

[49] 徐培喜.网络空间全球治理[M].北京：社会科学文献出版社，2018.

[50] 杨吉，张解放.在线革命：网络空间的权利表达与正义实现[M].北京：清华大学出版社，2013.

[51] 杨团，朱健刚.中国慈善发展报告2022[M].北京：社会科学文献出版社，2022.

[52] 张传燧.中国教育史[M].北京：高等教育出版社，2010.

[53] 张耀灿，陈万柏.思想政治教育学原理[M].北京：高等教育出版

社，2001.

[54] 张民平.当代大学生道德教育新探[M].北京：中国书籍出版社，2014.

[55] 周辅成.西方伦理学名著选辑：上卷[M].北京：商务印书馆，1987.

[56] 朱小理，谢爱林，张维刚.网络时代大学生民族精神与传统道德教育[M].南昌：江西人民出版社，2005.

[57] 朱银端.网络空间道德教育[M].北京：北京科学文献出版社，2007.

[58] 邹永贤.现代西方国家学说[M].福州：福建人民出版社，1993.

▲ 外文期刊类

[1] Cornwell B, Lundgren D C. Love on the Internet: Involvement and misrepresent tation in romantic relationships in cyberspace vs.realspace[J]. Computers in Human Behavior, 2002, 17(2).

[2] Gibson W. Neuromancer. New York. Basic Books. 1984.

[3] Howard Rheingold, Virtual Community, Harper Perennial, 1994: 3.

[4] James B. Rule &YaseminBesen. The once and future information society[J]. Theory Society, 2008, 37.

[5] Kiesler S, Kraut R. Internet use and ties that bind[J]. American Psychologist, 1999 (9).

[6] Robert N Burger. In Search of A Common Rationale For Computer Ethics.Annual Computer Ethics Institute Conference. The Brookings Institution.April 28, 1994Read at the ThirdWashington. DC.

▲ 中文期刊类

[1] 卜建华，王玮.习近平新时代网络意识形态安全系列论述的战略底蕴与当代价值[J].学校党建与思想教育，2019（15）.

[2] 陈联俊.移动网络空间中感性意识形态兴起的价值省思[J].马克思

主义与现实，2018（2）.

[3] 陈万求.网络伦理难题和网络道德建设[J].自然辩证法研究，2002（4）.

[4] 陈志兴.时代新人的道德人格建构：价值意蕴、现实境遇与实现路径[J].探索，2019（5）.

[5] 程晨.网络空间不是"法外之地" 依法加强网络空间治理：习近平网络空间治理法治化思想初探[J].社会治理法治前沿年刊，2016（00）.

[6] 崔振成.儒家伦理道德一体的文化线索及其当代德育价值[J].湖南社会科学，2019（7）.

[7] 崔家新，池忠军.新中国成立以来集体主义价值观的演进历史与新时代发展[J].思想教育研究，2019（11）.

[8] 董兴彬，吴满意.网络思想政治教育空间功能阐释[J].重庆邮电大学学报（社会科学版），2019（4）.

[9] 邓安庆.再论康德关于伦理与道德的区分及其意义[J].北京大学学报，2019（5）.

[10] 代金平，朱国卿.网络空间命运共同体思想视域下网络思想政治教育的优化[J].思想政治教育研究，2019（1）.

[11] 冯刚.思想政治理论课与日常思想政治教育协同育人的理论思考[J].学校党建与思想教育，2017（21）.

[12] 冯永刚.互联网时代高校德育工作者的"有为"与"无为"[J].当代教育科学，2019（4）.

[13] 冯刚，朱宏强.以习近平新时代中国特色社会主义思想引领青年理想信念教育[J].思想理论教育导刊，2018（11）.

[14] 高仲姣，程秀霞.当代大学生网络道德发展现状及影响因素分析：基于五所高校的问卷分析[J].重庆邮电大学学报（社会科学版），2019（4）.

[15] 韩露.对新时代加强马克思主义理论学科建设的几点思考[J].学校党建与思想教育，2018（13）.

[16] 何广寿.大学生网络共同体道德教育研究[J].学校党建与思想教育，2017（9）.

[17] 何汉斌.高校思想道德教育内容体系建构探析[J].学校党建与思想教育，2017（22）.

[18] 侯天佐.网络空间中提升马克思主义意识形态话语权的对策[J].思想理论教育导刊，2018（1）.

[19] 黄超，杨永志.习近平新时代道德观的时代逻辑、生成逻辑、实践逻辑[J].南宁师范大学学报（哲学社会科学版），2019（5）.

[20] 焦荟洁，孙喜英."慎独"视角下青少年网络道德自律机制建构研究[J].学校党建与思想教育，2017（4）.

[21] 李芳莹，睢依凡."互联网+"时代大学如何守持育人使命[J].清华大学教育研究，2018（2）.

[22] 李志强.浅谈道德与法律的关系[J].思想理论教育导刊，2019（2）.

[23] 李传军.构建全球网络空间治理规则的问题与对策[J].武汉科技大学学报，2019（5）.

[24] 李梅敬.马克思道德思想的三个理论层次探析[J].毛泽东邓小平理论研究，2017（6）.

[25] 李辉，庄新岸.马克思空间思想及其思想政治教育价值[J].思想教育研究，2019（2）.

[26] 李耀锋.道德进步：是幻想还是现实——对当下社会道德现状评价的反思[J].上海师范大学学报（哲学社会科学版），2017（1）.

[27] 林伯海，刘波.习近平"网络空间命运共同体"思想及其当代价值[J].思想理论教育导刊，2017（8）.

[28] 林澈，杨义芹.社会主义道德建设70年的回顾和展望[J].道德与文明，2019（5）.

[29] 刘丽萍.马克思主义理论教育研究的四个基本维度[J].思想政治教育研究，2017（3）.

[30] 刘建军.论思想政治教育的主渠道与微循环[J].思想理论教育，2014（9）.

[31] 刘波，林伯海.习近平总书记关于网络安全的重要论述探析[J].毛泽东思想研究，2019（2）.

[32] 龙静云.道德问题治理与提升文化软实力[J].马克思主义研究，2015（2）.

[33] 陆岩，杜蕾.以优秀传统文化涵养大学生道德价值观的对策研究[J].思想政治教育研究，2017（1）.

[34] 骆郁廷，付玉璋.论高校网络育人协同机制构建的时代价值[J].思想政治教育研究，2018（4）.

[35] 骆郁廷.吸引、判断、选择：网络思想政治教育的关键词[J].马克思主义研究，2016（11）.

[36] 吕红娟.推进网络空间治理现代化[J].党政干部学刊，2020（1）.

[37] 吕广利.新媒体语境下高校道德教育的困境与对策[J].湖北社会科学，2015（12）.

[38] 雷娜，段晓芳.网络爱国主义的内涵、张力与辨析[J].理论视野，2018（2）.

[39] 宁娜，李毅弘.改革开放以来中国共产党"德法共治"的政治智慧[J].思想理论教育导刊，2018（8）.

[40] 蒲冠州.试论习近平道德建设思想及其指导意义[J].思想理论教育导刊，2017（6）.

[41] 戚万学，唐爱民，韩笑.改革开放40年德育理论研究的主题及进

展[J].教育研究，2018（10）.

[42] 冉思伟.空间、辩证法与社会主义：论列斐伏尔的空间观[J].中共宁波市委党校学报，2018（2）.

[43] 任贤良.扎实推动网络空间治理体系和治理能力现代化[J].中国发展观察，2019（12）.

[44] 沈永福.增强新时代道德自信的路径探析[J].思想理论教育导刊，2017（12）.

[45] 沈壮海，金瑶.思想政治教育研究的新10年：回顾与展望[J].马克思主义理论学科研究，2018（5）.

[46] 苏杰初.提升大学生道德选择能力的路径探析[J].道德与文明，2015（1）.

[47] 孙英浩，单丹丹.孟子性善论与教化理论的融合对道德教育的启示[J].思想政治教育研究，2019（1）.

[48] 孙海亮，严耕.对网络主体道德行为失范的成因分析[J].学术交流，2006（9）.

[49] 孙蚌珠.理论为本·内容为王·因材施教：提升思想政治理论课教学质量的思考[J].思想理论教育导刊，2017（9）.

[50] 孙炳炎.新时代网络意识形态工作的意义、主要内容和基本策略[J].社会主义研究，2019（2）.

[51] 宋小红.网络道德失范及其治理路径探析[J].中国特色社会主义研究，2019（1）.

[52] 田维琳.大数据伦理失范问题的成因与防范研究[J].思想教育研究，2018（8）.

[53] 唐登芸，吴满意.网络思想政治教育研究：历程、问题与转向[J].思想理论教育，2017（1）.

[54] 王正平，林雅静.立德树人：教育伦理的根本原则[J].道德与文

明，2018（4）.

　　[55] 王世铎，孟宪乐.杜威道德教育思想及启示[J].中国德育，2019（13）.

　　[56] 吴满意，唐登芸.立德树人融入教育体系的创新研究[J].电子科技大学学报（社科版），2019（4）.

　　[57] 吴满意，王丽鸽.从精准到智慧：思想政治教育创新发展的根本态势分析[J].马克思主义与现实，2019（4）.

　　[58] 奚冬梅，王民忠.网络道德与现实道德的哲学关系辨析[J].学校党建与思想教育，2013（2）.

　　[59] 邢云文，肖扬.以习近平总体国家安全观为指引　加强网络意识形态安全建设[J].思想教育研究.2018（3）.

　　[60] 邢国忠.泛娱乐主义对青年价值观的影响研究[J].中国特色社会主义研究，2018（6）.

　　[61] 辛世俊.道德建设的新任务[J].红旗文稿，2013（2）.

　　[62] 徐光木，江畅.习近平总书记对中华优秀传统文化的创造性转化和创新性发展[J].思想理论教育，2019（2）.

　　[63] 谢玉进，胡树祥.网络自我的本质：数字自我[J].自然辩证法研究，2018（5）.

　　[64] 杨嵘均.论道德的和技术化延伸及其网络公共性的生成[J].探索，2019（2）.

　　[65] 杨果，唐亚阳.网上网下思想政治教育协同育人的三重维度[J].学校党建与思想教育，2017（21）.

　　[66] 杨怀中.习近平网络空间治理思想论析[J].武汉理工大学学报（社会科学版），2019（2）.

　　[67] 于志刚.网络"空间化"的时代演变与刑法对策[J].法学评论，2015（2）.

[68] 余宝睿.高校思想政治教育者应加强大学生网络行为的教育[J].课程教育研究,2018(38).

[69] 喻学林.近十年大学生思想道德素质现状研究述评[J].思想政治教育研究,2016(6).

[70] 袁建军.大学生网络道德研究述评:兼评研究中的若干误区[J].思想政治教育研究,2011(4).

[71] 袁文华.加强当代大学生网络空间法治观教育[J].当代青年研究,2016(7).

[72] 翟志强.大学生道德教育的理性反思与模式构建[J].学校党建与思想教育,2017(10).

[73] 张本青,李红革.网络意识形态安全教育融入高校思想政治理论课的有效路径[J].思想理论教育导刊,2019(7).

[74] 张海生,范颖."互联网+教育"时代的学习新形态:主要类型、共性特征与有效实现[J].中国远程教育,2018(10).

[75] 张静,刘茜.新媒体对大学生道德判断能力的影响研究[J].学校党建与思想教育,2018(17).

[76] 张林茂.在大数据时代创新高校个性化思想政治教育[J].中国高等教育,2018(15).

[77] 张思.浅析大学生网络空间道德教育的内涵、特点与途径[J].学校党建与思想教育,2015(3).

[78] 张之沧.马克思的道德观解析[J].马克思主义研究,2010(9).

[79] 赵昆.论网络行为的道德底线[J].道德与文明,2014(3).

[80] 钟羽.新媒体内容存在的问题及其治理策略探讨[J].新媒体研究,2018(21).

[81] 周中之,高姗.习近平治国理政的伦理思想[J].马克思主义研究,2018(5).

▲ 博士论文类

[1] 戴晓慧.高校青年马克思主义者的自我教育研究[D].长沙：湖南大学，2017.

[2] 雷志春.马克思主义群众观视域下中国网络空间治理模式研究[D].武汉：华中科技大学，2018.

[3] 田训龙.十八大以来我国社会主义道德建设思想研究[D].北京：北京交通大学，2017.

[4] 王婧.大数据时代大学生道德教育研究[D].重庆：西南大学，2015.

[5] 张媛媛.基于互联网思维的大学生思想和行为引导研究[D].成都：电子科技大学，2019.

▲ 报纸类

[1] 把思想政治工作贯穿教育教学全过程　开创我国高等教育事业发展新局面[N].人民日报，2016-12-09（01）.

[2] 陈凤莉.书写新时代青年志愿者行动新篇章[N].中国青年报，2019-10-09（01）.

[3] 共同构建和平、安全、开放、合作的网络空间　建立多边、民主、透明的国际互联网治理体系[N].人民日报，2014-11-20（01）.

[4] 关于《中共中央关于全面推进依法治国若干重大问题的决定》的说明[N].人民日报，2014-10-29（02）.

[5] 关于进一步加强和改进大学生思想政治教育的意见[N].人民日报，2004-10-16（01）.

[6] 汇聚起同心共筑的中国梦磅礴力量[N].人民日报，2019-10-7（01）.

[7] 加快推进网络信息技术自主创新朝着建设网络强国目标不懈努力

[N].人民日报，2016-10-10（01）.

[8] 坚持军报姓党坚持强军为本坚持创新为要　为实现中国强军梦提供思想舆论支持[N].人民日报，2015-12-27（01）.

[9] 坚持正确方向创新方法手段提高新闻舆论传播引导力[N].人民日报，2016-02-20（01）.

[10] 坚持中国特色社会主义教育发展道路　培养德智体美劳全面发展的社会主义建设者和接班人[N].人民日报，2018-09-11（01）.

[11] 举旗帜聚民心育新人兴文化展形象更好完成新形势下宣传思想工作使命任务[N].人民日报，2018-08-23（01）.

[12] 决胜全面建成小康社会夺取新时代中国特色社会主义伟大胜利[N].人民日报，2017-10-19（02）.

[13] 立德树人德法兼修抓好法治人才培养　励志勤学刻苦磨炼促进青年成长进步[N].人民日报，2017-05-04（01）.

[14] 敏锐抓住信息化发展历史机遇　自主创新推进网络强国建设[N].人民日报，2018-04-22（01）.

[15] 青年要自觉践行社会主义核心价值观　[N].人民日报，2014-05-05（02）.

[16] 清华大学苏世民学者项目启动仪式在京举行[N].人民日报，2013-04-22（01）.

[17] 让党的旗帜在高校高高飘扬[N].人民日报，2019-01-15（06）.

[18] 深化群众性精神文明创建活动　着力培养担当民族复兴大任的时代新人[N].人民日报，2019-09-06（01）.

[19] 推动媒体融合向纵深发展巩固全党人民共同思想基础[N].人民日报，2019-01-26（01）.

[20] 吴晶，胡浩，等.立心铸魂兴伟业[N].人民日报，2018-09-10（01）.

[21] 习近平向第五届世界互联网大会致贺信[N].人民日报，2018-11-08（01）.

[22] 用新时代中国特色社会主义思想铸魂育人 贯彻党的教育方针落实立德树人根本任务[N].人民日报，2019-03-19（01）.

[23] 在北京大学师生座谈会上的讲话[N].人民日报，2018-05-03（02）.

[24] 在第二届世界互联网大会开幕式上的讲话[N].人民日报，2015-12-17（02）.

[25] 在纪念孔子诞辰2565周年国际学术研讨会暨国际儒学联合会第五届会员大会开幕会上的讲话[N].人民日报，2014-9-25（02）.

[26] 在纪念五四运动100周年大会上的讲话[N].人民日报，2019-05-01（02）.

[27] 在民族复兴伟业中书写志愿服务新篇章[N].人民日报，2019-07-25（02）.

[28] 在庆祝改革开放40周年大会上的讲话[N].人民日报，2018-12-19（02）.

[29] 在庆祝中国共产党成立95周年大会上的讲话[N].人民日报，2016-07-02（02）.

[30] 在同各界优秀青年代表座谈时的讲话[N].人民日报，2013-05-05（02）.

[31] 在网络安全和信息化工作座谈会上的讲话[N].人民日报，2016-04-26（02）.

[32] 在文艺工作座谈会上的讲话[N].人民日报，2015-10-15（02）.

[33] 在哲学社会科学工作座谈会上的讲话[N].人民日报，2016-05-19（02）.

[34] 致中国志愿服务联合会第二届会员代表大会的贺信[N].人民日

报，2019-07-25.

[35] 中共中央国务院发出《关于进一步加强和改进大学生思想政治教育的意见》[N].人民日报，2004-10-15.

[36] 中共中央办公厅印发《关于培育和践行社会主义核心价值观的意见》[N].人民日报，2013-12-24（01）.

[37] 中共中央关于全面推进依法治国若干重大问题的决定[N].人民日报，2014-10-29（01）.

[38] 总体布局统筹各方创新发展　努力把我国建设成为网络强国[N].人民日报，2014-02-28（01）.

▲ 电子文献

[1] 2021年全国未成年人互联网使用情况研究报告[EB/OL].https://www.cnnic.net.cn/n4/2022/1201/c116-10690.html.

[2] 第52次中国互联网络发展状况统计报告[EB/OL].https://www.cnnic.net.cn/n4/2023/0828/c199-10830.html.

[3] 全国青少年网络文明公约[EB/OL].http://www.cctv.com/special/279/index.s html.

[4] 新时代爱国主义教育实施纲要[EB/OL].http://www.gov.cn/zhengce/2019-11/12/ content_5451352.htm.

[5] 新时代公民道德建设实施纲要[EB/OL].http://www.gov.cn/zhengce/2019-10/27/ content_5445556.htm.

[6] 中共中央办公厅国务院办公厅印发《国家信息化发展战略纲要》[EB/OL]. http://www.gov.cn/xinwen/ 2016-07/ 27/ content_5095336.htm.

[7] 在第三届世界互联网大会开幕式上的视频讲话[EB/OL].http://www.xinhuanet.com //politics/2016-11/16/c_ 111 9925133.htm.